现代职业教育研究前沿论丛

丛书主编：王振洪　朱永祥

全国高等职业教育教师发展研究系列

浙江省哲学社会科学重点研究基地
——浙江省现代职业教育研究中心资助

从"碎片化"到"分布协同"：
高职院校专业教学团队运行调研报告

王亚南　张晓超　王丽　王斌 ◎著

浙江省现代职业教育研究中心

华中科技大学出版社
http://press.hust.edu.cn
中国·武汉

图书在版编目(CIP)数据

从"碎片化"到"分布协同":高职院校专业教学团队运行调研报告/王亚南等著.—武汉:华中科技大学出版社,2023.3
ISBN 978-7-5680-9286-9

Ⅰ.①从… Ⅱ.①王… Ⅲ.①高等职业教育-师资队伍建设-调查报告 Ⅳ.①G718.5

中国国家版本馆 CIP 数据核字(2023)第 043512 号

从"碎片化"到"分布协同":
高职院校专业教学团队运行调研报告
cong "Suipianhua" dao "Fenbu Xietong":
Gaozhi Yuanxiao Zhuanye Jiaoxue Tuandui Yunxing Diaoyan Baogao

王亚南　张晓超
王　丽　王　斌 著

策划编辑:张　毅
责任编辑:张会军
责任校对:刘小雨
封面设计:廖亚萍
责任监印:朱　玢

出版发行:华中科技大学出版社(中国·武汉)　电话:(027)81321913
　　　　　武汉市东湖新技术开发区华工科技园　邮编:430223

录　　排:武汉创易图文工作室
印　　刷:武汉市洪林印务有限公司
开　　本:710mm×1000mm　1/16
印　　张:11.5
字　　数:226 千字
版　　次:2023 年 3 月第 1 版第 1 次印刷
定　　价:68.00 元

本书若有印装质量问题,请向出版社营销中心调换
全国免费服务热线:400-6679-118　竭诚为您服务
版权所有　侵权必究

全国高等职业教育教师发展研究编委会

主　　　任：王振洪　朱永祥
副　主　任：梁克东　程江平　成　军　龚永坚　陈海荣
项目组组长：邵建东　韦　清
项目组副组长：王亚南
项目组成员：徐珍珍　何应林　赵俞凌　王　丽　瞿连贵
　　　　　　孙凤敏　王　斌　张晓超　金　亮　张　迅

总序

职业教育是国家教育体系中不可或缺的重要一翼。伴随着现代化建设进程的加快，职业教育不断发展壮大。时至今日，我国已经建成了世界上规模最大的职业教育体系，党的十八大报告中提出的"加快发展现代职业教育"更是将职业教育由"大"变"强"作为共同愿景上升到了国家战略的高度，表明了我国加强现代职业教育的决心和信心。职业教育不仅大有可为，更应当大有作为。作为其中重要的理论支持，职业教育科学研究也应当大有可为、大有作为。

一个领域的研究水平往往代表着这个领域的发展水平，作为教育学中的"后生"，我国职业教育研究的历史并不算长，但研究热情之高、总体趋势之好、形式内容之丰富都是前所未有的。一大批职业教育研究者将职业教育研究作为追求的方向与目标，积极回应和破解职业教育改革发展中的现实问题、重点问题、难点问题，积极探索中国特色职业教育的发展路径，取得了一批高水平、有影响、可借鉴的研究成果，推动了职业教育的发展。

同时也应该看到，职业教育研究的总体成就与其他学科领域相比仍有差距，其在国际舞台上的声音还不够响亮。职业教育尚有许多理论问题和实践问题需要通过深入的科学研究来进一步厘清和解决。在时代需求中，"现代职业教育研究前沿论丛"的主编单位——浙江省现代职业教育研究中心应时而谋、顺势而生。该研究中心的前身为金华职业技术学院高职教育研究所，作为浙江省成立最早的高职教育研究机构之一，其多年来致力于专深的职业教育研究。为适应新常态、谋求新作为、实现新发展，2012年5月，金华职业技术学院联合浙江省教育科学研究院成立了浙江省现代职业教育研究中心。2013年1月，中心获批成为"浙江省哲学社会科学扶持型研究基地"；2015年2月，中心正式成为"浙江省哲学社会科学重点研究基地"，是浙江省目前唯一依托高职院校建立的省级哲学社会科学重点研究基地。浙江省现代职业教育研究中心成立虽然只有几年时间，但以金华职业技术学院高职教育研究所为起点，则有十余年的发展历史，依托国家示范性高职院校建设项目，中心取得了丰硕的成果。作为职业教育的实践者、思考者和记录者，中心始终紧扣改革主题，专注现代职业教育研究，不断发挥在职教研究领域中的先导作用，提高了一定的知名度和影响力。

现代职业教育的快速发展需要强有力的科学研究做支撑,而"现代"两字凸显出发展职业教育的时代性,赋予职业教育新目标和新内涵,同时给职业教育研究提出了新命题和新要求。中心身处五年发展的关键时期,职业教育即将进入一个全新的发展阶段,职业教育研究不仅要因势而动、积极求变,更要有的放矢、精准发力,围绕新常态下职业教育的新议题展开一系列的思考和探索,用职业教育理论来说明和阐释职业教育实践,用职业教育实践来丰富和发展职业教育理论,使两者互为补充、齐头并进。这既是现代职业教育发展的现实要求,也是广大职业教育人的责任担当。浙江省现代职业教育研究中心正是抱着这样的初衷出版"现代职业教育研究前沿论丛"的。作为中心的一员,我深感快慰。

丛书由浙江省现代职业教育研究中心主任主编,旨在通过优秀成果的集中展示反映当前职业教育的研究水平。丛书的编写出版可谓是职业教育研究者的一次集体行动。丛书的研究选题关注目前职业教育中的一些热点难点问题,基本代表了现阶段职业教育的理论前沿,其成果将陆续呈现给读者。期待未来能有更多的职业教育研究者加入这一集体行动中来,将先进思想通过"现代职业教育研究前沿论丛"落地生根,为职业教育走向注入新理念、新智慧和新方法,使更多人因此认识职业教育、认可职业教育、推崇职业教育!

借此机会,把这套书推荐给广大职业教育的支持者、改革者和实践者,同时瞩望浙江省现代职业教育研究中心继往开来、砥砺奋进、乘势而上,取得新的更丰硕的研究成果!

是为序,更为盼。

亚洲职业教育学会(AASVET)原会长
中国职业技术教育学会原副会长兼学术委员会执行主任
华东师范大学职业教育与成人教育研究所名誉所长、教授、博士生导师
浙江省现代职业教育研究中心学术委员会主任
石伟平
2016 年 7 月于上海

引言

"专业"是高职院校高素质技术技能人才培养的基本单位,是政府对院校发展进行宏观调控的重要抓手,也是学校内部资源重构以及优化调整的主要线索依据,专业建设的质量与声誉是衡量高职院校办学水平的核心指标。专业教学团队则是落实高职院校专业建设职责的责任主体,任何先进的育人理念、课改思想以及人才培养模式的创新都需要通过专业教学团队去落地实施,专业教学团队是高职院校办学功能实现的主要依托。我国一直十分重视高职院校专业教学团队的建设,自2008年开始,教育部就连续三年遴选了一批国家级高职院校教学团队。2019年6月5日,教育部正式印发《全国职业院校教师教学创新团队建设方案》(教师函〔2019〕4号),启动了国家级职业院校教师教学创新团队的遴选工作,计划用3年时间培育和建设360个国家级教师教学创新团队。

《全国职业院校教师教学创新团队建设方案》明确提出了职业院校教师教学创新团队建设的方向和主要任务。国家级教学创新团队建设的具体目标是:"经过3年左右的培育和建设,打造360个满足职业教育教学和培训实际需要的高水平、结构化的国家级团队,通过高水平学校领衔、高层次团队示范,教师按照国家职业标准和教学标准开展教学、培训和评价的能力全面提升,教师分工协作进行模块化教学的模式全面实施,辐射带动全国职业院校加强高素质'双师型'教师队伍建设,为全面提高复合型技术技能人才培养质量提供强有力的师资支撑。"在这一目标的引导之下,该文件还提出了国家级教师教学创新团队建设的重要任务,一是加强团队教师能力建设,组织团队教师全员开展专业教学法、课程开发技术、信息技术应用培训以及专业教学标准、职业技能等级标准等专项培训,提升教师模块化教学设计实施能力、课程标准开发能力、教学评价能力、团队协作能力和信息技术应用能力。二是建立团队建设协作共同体,按照专业领域,由若干所立项院校建立人才培养的协作共同体,校企之间要形成命运共同体。三是构建对接职业标准的课程体系,组织团队教师集体备课、协同教研,规范教案编写,严格教学秩序,做好课程总体设计和教学组织实施,推动课堂教学革命。四是创新团队协作的模块化教学模式,打破学科教学的传统模式,探索"行动导向"教学、项目式教学、情景式教学、工作过程导向教学等新教法,支持每位教师形成特色教学风格。五是形成高质量、有特色的经验成果,总结、凝练团队建设成果并进行转化,推广应用于全国职业院校专业人才培养实践中,形成具有中国特色、世界水平的职业教育教学模式。

教学创新团队的建设是高职院校人才培养质量提升的关键载体,是高职院校活力课堂打造的重要支撑。国家之所以日益关注高职院校专业教学团队建设,是因为高职院校人才培养工作日益复杂化、专业化,随着产业变化的趋势不断加快,对技术技能人才需求的规格与质量都提出了全新的要求,这必然要求高职院校人才培养模式紧跟产业发展需求的变化而迭代升级。高素质技术技能人才培养需要教师之间进行充分的互助协作才能够实现,因为单个教师不可能掌握专业所覆盖所有职业领域中的相关知识,随着理实一体化教学、模块化教学在课堂教学中的普遍应用,理论教师与实践教师之间、专任教师与兼职教师之间的协作互动的频率正在日渐增多。因此,提升专业教学团队内部教师之间的协作与沟通,打通教师之间的合作壁垒,是课程改革创新理念落地、人才培养模式创新的前提基础。

在专业教学团队建设日益受到政府及社会关注的背景下,本研究尝试从动态运行的分析视角深入剖析专业教学团队内部成员在协作完成不同类型专业教学任务时呈现出怎样的互动模式,在完成不同类型任务时教师之间的合作互动模式是否呈现异质性,如果存在,造成运行状态差异背后的深层原因为何。与此同时,高职院校内部绩效考核、管理运行、职称评定等相关管理制度所营造的制度环境是如何影响专业教学团队的运行,又是如何影响团队合作场域中处于不同位置主体的价值取向和行为选择,这种影响的发生机理是什么,是否有利于高职院校人才培养功能的实现?针对以上问题,本课题组尝试采取质性研究方法对高职院校专业教学团队运行的实然状态进行客观呈现,并对其运行背后的制度形成机理展开学理分析。

本研究报告按照理论—实践—理论的研究路线,分成了理论分析、任务分析、实证调研、成因分析及对策建议四个主要研究板块。理论分析尝试从学理层面深入阐述高职院校专业教学团队运行的内涵、结构及基本功能定位,厘清高职院校专业教学团队的相关概念,并针对该概念的内涵及基本结构进行清晰阐明。任务分析板块主要试图通过工作任务分析方法对高职院校专业教学团队所完成的工作任务进行深入分析,为后续实证调研奠定实践基础。因为工作任务和团队运行模式之间存在着重要的内在关联,明晰高职院校专业教学团队承担哪些工作任务是团队运行研究进一步开展的重要前提。实证调研板块主要试图通过访谈法、问卷调查法、个案研究法等多种方法对高职院校专业教学团队运行的基本现状进行客观呈现,并对运行中存在的问题进行深入分析。成因分析及对策建议板块则主要针对实证调研中所发现的问题进行深入分析并探寻问题成因,最终提出专业教学团队优化的对策建议。

  高职院校专业教学团队是高职院校运行最基本的组织"单元",尽管它位于组织运行的最末端,但地位却极为重要,因为高职教育任何改革创新理念的落地都要依靠"专业"来达成实现,任何政策的出台与制度的设计都要充分考虑"专业"这一基层教学组织将如何应对。只有充分发挥专业教学团队改革创新发展的积极性与主动性,才有可能真正实现高职院校人才培养质量的系统提升。过去,无论是政府的政策出台还是院校制度的设计,往往都对"专业"这一基层教学组织存在着有意或无意的忽视,本调研报告的重要价值意义正是在于唤起学术界以及高职院校对基层教学组织建设的重视。作为一个底部沉重的学术型机构,所有的改革发展理念的落地实施都依赖于基层教学组织,如果政策设计未能充分结合基层教学组织运行的规律,极有可能造成所出台的政策呈现"空转"的后果。本研究采取实证研究方法对高职院校这一基层教学组织的运行现状进行了客观呈现,也对其运行规律进行了归纳分析,但仍然有一系列关键问题有待进一步深入回答,诸如在专业群建设背景下,专业教学团队和专业群教学团队之间是何种关系,专业教学团队和课程教学团队之间的关联,智能化、现代化教学技术的应用对专业教学团队运行带来哪些冲击,专业教学团队内部领袖教师影响力作用发挥的机制和限度等。因此,针对高职院校专业教学团队的研究仍然需要更多学者、专家的关注与研究。

目录

第一章 高职院校专业教学团队运行的内涵 1
一、高职院校专业教学团队的内涵 1
二、高职院校专业教学团队运行的内涵 9

第二章 高职院校专业教学团队运行调研方案 13
一、研究框架 13
二、调研目标 20
三、调研方法 21
四、调研工具 24
五、调研对象 24

第三章 原子化运行：常规教学任务下高职院校专业教学团队运行现状 28
一、以"良心驱动"为主导的运行动力机制 28
二、以"无序运行"为特征的运行协调机制 33
三、以"自我调控"为核心的内部运行调控机制 36
四、以"形式管理"为特征的外部运行调控机制 39

第四章 单核松散式运行：专业建设任务下高职院校专业教学团队运行现状 45
一、以"压力驱动"为核心的运行动力机制 45
二、以"松散运行"为特征的运行协调机制 50
三、以"魅力影响"为主导的内部运行调控机制 52
四、以"责任下压"为内核的外部运行调控机制 55

第五章 小团体运行：项目化任务下高职院校专业教学团队运行现状 ············ 59
 一、以"利益驱动"为主导的运行动力机制 ············ 59
 二、以"高效运行"为特征的运行协调机制 ············ 74
 三、以"自我加压"为特征的内部运行调控机制 ············ 77
 四、以"层层关注"为内核的外部运行调控机制 ············ 78

第六章 高职院校专业教学团队运行的个案研究 ············ 84
 一、常规教学任务下高职院校专业教学团队运行的个案研究 ············ 84
 二、项目化任务下高职院校专业教学团队运行的个案研究 ············ 93
 三、专业建设任务下高职院校专业教学团队运行的个案研究 ············ 101

第七章 高职院校专业教学团队运行的总体特征及成因 ············ 111
 一、碎片化：高职院校专业教学团队运行的总体特征 ············ 111
 二、高职院校专业教学团队运行总体特征的成因 ············ 112

第八章 调研结论及对策建议 ············ 130
 一、基本结论 ············ 130
 二、对策建议 ············ 131

参考文献 ············ 145

附录 ············ 148
 附录A 高职院校专业教学团队运行调研问卷 ············ 148
 附录B 高职院校专业教学团队运行访谈提纲 ············ 154

大事记 ············ 156

后记 ············ 170

第一章　高职院校专业教学团队运行的内涵

在对高职院校专业教学团队运行进行正式调研之前,十分有必要厘清高职院校专业教学团队运行的基本内涵,这是开展后续研究工作的基础前提。优化专业教学团队建设对提升高职院校人才培养质量具有十分重要的价值意义,是高职院校知识传承复杂性与独特性的内在要求。打造一支专兼结合、能力互补的教师团队是应对高职院校课程教学模块化、个性化发展的必然趋势。高职院校专业教学团队在成员构成上具有主体多元性的特征,每个成员都发挥着自身所特有的作用功效,成员之间相互协作高质量完成专业教学任务。高职院校专业教学团队运行是团队成员之间为了能够高质量完成不同类型专业教学任务时所发生的协作互动关联。

一、高职院校专业教学团队的内涵

高职院校专业教学团队建设作为高职院校内涵发展的重要内容之一,对于提高高职院校办学水平,优化办学特色具有重要意义。一般而言,高职院校专业教学团队大致可定义为:是围绕某个具体专业(群),由专业带头人、骨干教师、初任教师以及部分行业、企业兼职教师等组成,团队内各成员间角色与能力互补,以教学工作为主要任务,致力于提高教学质量、推动教育改革与专业建设的教师群体。其具体内涵则可从以下四个维度出发进行系统性的梳理。

(一)高职院校专业教学团队建设的价值意义

1. 有利于促进教师专业发展

当前社会科技水平日新月异,各类专业知识、技能更新速度极快,作为高校教师,必需不断更新自身的知识储备以满足社会提出的学生培养需求。但仅凭教师个人的学习与探索是远远不够的。教师个人开展教学活动很难及时获得充足的教学反馈,容易造成教师发展偏向、发展倦怠等问题,而且在遇到一些教学难题时也只能独自摸索,极大地减缓了教师的专业发展速度。而专业教学团队的出现则恰好弥补了此种不足。一方面,专业教学团队为教师的专业发展提供了学习平台,在专业教学团队中,团队成员之间可以通过相互合作交流专业知识和教学技能,充分发挥每位教师的长处,形成合力,以团体的发展带动团体中每个个体的进步。另一方面,专业教学团队为教师的专业发展提供了动力源泉,在团队中可以克服以往"独教而无友"的状况,团队成员之间的相互讨论、反思可以更好地帮助教师发现自身的问题并激励自身发展,通过相互合作、相互激励,推动团队内的每一位教师快速成长。

2. 有利于提高人才培养水平

以往高职院校教师开展教学活动,多是一项"个体性"的活动,往往是教师孤身作战。随着科学知识不断朝着综合化方向发展,以及学生的需求愈加多元化,即使仅仅是一门课程,单独依靠一位教师的能力也已很难全面掌握各方面的专业知识,满足学生培养需求。专业教学团队的建设强调通过团队成员之间的合作整合资源。一方面,有益于运用团队的力量,集体编写教材、讲义、课件等教学资源,形成规范化的专业教学资源库,保证人才培养水平不会因教师个人水平的差异产生过大差距。同时,加快各类教学资源的更新速度,保证人才培养内容能够与时俱进。另一方面,在建立资源库的基础上,团队的建设有益于充分统合校内外资源,通过运用校内外师资资源,开展校企合作,搭建工学结合、理实一体的专业教学平台,促进学生的全面发展。同时,也可以扩展教学资源库的建设,形成跨校、校企间多方共建的共享型教学资源库,在更大范围内为学生培养获得可用资源,提高人才培养水平。

3. 有利于促进院校教学改革

随着社会的不断发展,社会对高职院校的教学质量要求不断提高,对于高职院校的教学需求也越来越多样化。为满足这些日益提高的教学要求,教学改革势在必行。而组建高水平的专业教学团队则是快速推动这一改革进程的重要突破口。一方面,有利于把不同专业学科的教师汇聚在一起,适应教学内容日益综合化发展趋势,发挥团队中每位成员的专业所长,相互学习,相互合作,保证每位教师都能成为拥有复合型专业知识的教师。同时,也有利于改进教学手段、教学材料等教学要素的单一属性,在团队成员的相互合作中推动其向多元、统合的方向发展。另一方面,有利于将不同教学水平层次、不同年龄阶段的教师汇聚在一起。一般而言,专业教学团队的负责人往往是富有经验、拥有高职称的老教师,通过老带新的形式,引领团队中的新教师快速地对本专业教学有充分的了解。同时,老教师也可通过与新教师的交流获得最新的专业知识、教学教法。新老教师的相互合作有利于在保证专业教学质量的基础上不断推陈出新,推动院校教学改革。

4. 有利于促进院校专业建设质量的提升

当前,国家大力倡导高职教育的提质培优,进一步提升高职院校办学水平已迫在眉睫,而作为院校发展重要基石的学科专业建设自然也就成为院校的关注重点。

以往学科专业建设往往仅依靠少数几位专业领军人物加以推进,这样的推进方式既对少数的几位教师造成极大的压力,也不利于专业的可持续发展。而专业教学团队的建设在很大程度上避免了上述问题,保证了专业的可持续发展。一方面,专业教学团队中虽由几位专业的领军人物牵头,但整个团队中的其他成员都会切实地参与到专业建设活动中,在专业负责人的带领下各司其职、各展所长,相互分担建设任务,既保证了每位成员能可持续性地承受建设任务所带来的压力,也保证了建设任务的科学性与全面性。另一方面,专业教学团队的建设将起到一定的带头作用,专业建设不仅仅是某个专业的任务,也是全校整体性的发展任务,以专业教学团队的建设热情引领学校其他教学组织共同参与到专业建设活动中来,共同促进学校的专业建设发展。

(二)高职院校专业教学团队的基本结构

美国学者卡曾巴赫对团队概念有较好的阐述,即团队就是由少数有互补技能,愿意为了共同的远景目标、业绩目标和方法而相互承担责任的个体所组成的群体。[1] 高职院校专业教学团队虽有其特殊性,但其未曾脱离团队这一基本概念。高职院校专业教学团队,作为一类为某种特殊目的而存在的团队,其必然也是由一群技能互补,拥有共同愿景的个体所组成的。虽然人员的具体组成架构是由团队整体需求决定,但基本结构则大体相同。高职院校专业教学团队的基本结构已有许多专家学者进行了深入的研究。邵建东研究员指出专业教学团队是由专业课教师、相对固定的公共基础课教师、行业企业兼职教师以及专业带头人等组成。[2] 王利爽、阳荣威认为,专业教学团队以专业教授与各领域专家为主导,由能力互补、科学分工、团结协作的教师与教学管理工作者构成。[3] 王希琼认为专业教学团队是以提高高等职业学院专业人才培养水平为核心,由专业带头人、专业中青年骨干教师以及其他专兼职教师(包括校内外兼职教师)组成。[4] 贺毅在其论文中提出了与王希琼相似的界定:专业教学团队以学科专业建设为共同目标,由专业带头人、中青年骨干专业教师以及其他专兼职教师(包括校内外兼职教师)组成。[5] 除了组成结构的具体表述,还有许多研究者对专业教学团队的专业带头人的组成以及整体教师"双师型"特征等方面进行了研究。

---

[1] 乔恩·R.卡曾巴赫.团队的智慧[M].北京:经济科学出版社,1999.
[2] 邵建东,王振洪.高职"双师结构"专业教学团队及其整合培育[J].高等工程教育研究,2012(03):167-171.
[3] 王利爽,阳荣威."双一流"建设背景下"C9联盟"高校师资队伍及结构调查研究[J].大学教育科学,2017(06):32-37.
[4] 王希琼.高等职业院校专业教学团队建设问题研究[D].重庆:西南大学,2008.
[5] 贺毅.高职院校专业教学团队建设研究[D].南宁:广西大学,2012.

综合已有研究对专业教学团队基本组成架构的分析可知,纵向而言,以教师在高职院校中的生涯发展阶段划分,专业教学团队中一般拥有一位专业领域专家担任专业带头人,数位骨干教师作为团队中坚力量,以及少部分初任教师作为新鲜血液动态补充入团队。横向而言,可以依据与学校的隶属关系分为兼职教师及专任教师,也可以依据所教科目分为专业课教师、公共基础课教师等。高职院校专业教学团队基本结构如图 1-1 所示。部分分类在特定情况下会有重叠。其中骨干教师与初任教师既有可能是专业课教师也有可能是公共基础课教师;兼职教师则既有可能是专业带头人也有可能是团队中普通教师,既可能任教专业课课程也有可能任教公共基础课课程。本研究为在选取研究对象时能做出更为清晰的区分,避免交叉重叠的现象出现,将专业教学团队基本架构划分为专业带头人、骨干教师、初任教师和兼职教师,不再对其进行横向的划分。

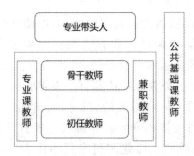

图 1-1 高职院校专业教学团队基本结构

具体而言,其一,专业带头人。本次研究基于"职责观"的界定,将专业带头人界定为在"专业"这一基层教学组织单位中,担负着专业建设职责的个体。无论其具体名称为何,只要在团队中具体承担了相关职责,在本研究中即认为是专业带头人。高职院校专业带头人不仅仅是一名负责某门或多门课程教学的专业教师,而且是需要通过愿景描绘、行动引领、资源整合等多种途径,带领本专业教师实现专业发展目标的领导者,作为一名"领导者"的专业带头人,其所承担的角色任务不再局限于个体层面,而是要带动整个专业教学团队实现专业发展的目标。专业带头人作为团队的主要负责人承担着较为沉重的岗位职责,包括专业发展环境调研与研判、专业课程体系规划与设计、专业教学任务组织与实施、专业学习资源开发与整合、专业教学质量诊断与保障、专业教学团队打造与凝聚、专业文化塑造与渗透、专业教学引领与示范、专业教学改革与创新、专业科研与社会服务引领十项核心角色任务。专业负责人所承担的任务极为繁重,也就要求其具有足够的能力支撑自身完成这些任务,因此专业负责人需要具备专业发展前瞻力、专业课程开发力、专业资源开发与整合力、专业教学质量保障力、专业文化塑造力、专业教学示范力、专业科研与服务引领力、专业战略执行力、专业团队打造力等能力。

其二，骨干教师。本次研究将骨干教师界定为专职在校任职3年以上或具有中级及以上职称的教师。骨干教师是团队的中坚力量和实力保障。骨干教师需要承担团队中大部分主体任务，包括专业基本教学任务、项目化任务以及协助专业带头人完成专业建设任务，是团队中完成各项任务的主要力量。同时，骨干教师还需要承担团队中"传帮带"工作，帮助初任教师能更快地适应团队工作。作为一名骨干教师要完成以上两方面的主要任务需要具备相应的能力：一方面，骨干教师要具有过硬的专业知识、技能。作为专业团队中的中坚力量，骨干教师自身的专业素养水平必须足以支撑其完成绝大多数的专业任务才能保证团队的顺畅运行。同时骨干教师还需要具备相应的终身学习能力。社会发展日新月异，而与社会发展联系尤为密切的高职专业的变化也是极快的，骨干教师作为团队的核心实力保障，需要及时地更新自身专业知识、技能、理念，维持自身的专业能力水平，因此具备一定的终身学习能力也是极为重要的。另一方面，骨干教师需要具备一定的沟通组织能力，团队中虽然有专业带头人进行总体的规划组织，但是在完成具体任务过程中每一位骨干教师都需要承担起作为具体项目小团体负责人的责任，因此一定的组织沟通能力也是必须具备的，而且对于初任教师的帮扶也需要骨干教师具备一定的经验传授能力，在平等尊重的前提下将自身经验传授给初任教师。

其三，初任教师。本研究将初任教师界定为在本专业任教1～3年或仅拥有初级职称以及尚未拥有职称的教师。初任教师是一个团队中不断更新的新鲜血液，是维持团队持续性发展的根本保障，初任教师的不断加入既可以扩大团队的整体规模，还可以不断完善团队的人员结构。初任教师刚进入团队大多主要承担基本教学任务工作，并在专业带头人或是骨干教师的带领下逐渐接触部分的项目化任务以及专业建设任务。因此，需要初任教师具备相应的专业基础知识与技能。作为专业教师，基本的专业知识、技能是初任教师完成基本教学任务的基础，无论是直接从高等院校毕业进入院校任教的教师，抑或是从企业进入院校的教师，都需要保证自身在专业理论与实践两个维度具有充足的知识储备。另外，因大多初任教师主要工作任务是基础教学，因此要求教师需要具备一定的教育教学能力，掌握一定的教育学、心理学知识，具备一定的课堂教学技能。许多初任教师大多不具备足够的教学经验且并非从师范院校或是教育学相关学科毕业，因此对于教育教学活动的知识、技能掌握相对较少，这也是当前许多团队中初任教师面临的一个主要难题。初任教师还需要具有一定的终身学习能力，通过向专业带头人、骨干教师或是同为初任教师的团队成员请教学习，不断提升自身的教育教学能力以及基础的专业知识、技能。

其四，兼职教师。本研究将兼职教师界定为由学校正式聘任，具有独立完成理论或实践教学任务能力，具有丰富实践经验的企业高级技术人员、能工巧匠、企业家等。兼职教师与前面所述三类教师的分类有所不同,它与前面三类教师之间存在交叉,兼职教师既可能是骨干教师,也可能是初任教师。兼职教师在团队中所需要承担的任务较为复杂,不仅涉及基础教学任务,也可能涉及部分专业建设任务或是项目化任务,但与全职教师相比,兼职教师参与各项任务的程度较浅,与整体团队的融合程度不高,常常游离于团队之外。兼职教师虽然在团队中承担职责任务较少或参与程度不深,但与全职教师一样为完成各类任务仍需要具备充分的能力。一方面,专业能力是不可或缺的,作为兼职教师具有较为丰富的、先进的专业实践知识与技能是其在团队中独特优势所在,也是每一位兼职教师在团队中较为显著的意义所在。另一方面,仅仅有专业知识技能显然是不够的,兼职教师与许多初任教师一般都较为欠缺课堂教育教学能力,这也是兼职教师极为需要提高的能力之一。因兼职教师多半游离于团队之外,在参与团队任务时与团队中的各类教师之间更需要进行有效的沟通与协调,故而还需要具备较强的沟通交流能力,保证自身能在游离状态下保持与团队的有效联系。

以上对团队中各类教师所需承担的职责任务与所需具备的能力的阐述并非完整,仅对各类教师所应具备的核心任务与能力作了说明,各类教师普遍需要承担的一般性任务与需要具备的能力并未作详细说明。

(三)高职院校专业教学团队的功能定位

1. 保障专业常规教学工作顺利开展

保障专业常规教学工作的顺利开展是保证高职院校办学质量的首要前提。专业教学团队作为最基层的教学组织,与一线教学工作联系最为直接紧密,对学校的教学工作的影响最为直接,保障专业常规教学工作的顺利开展也是专业教学团队最为基础的功能。一方面,专业教学团队通过及时吸纳掌握新技术、新理论的成员进入团队,提高已有团队成员的专业实践能力、理论知识水平等,加强专业教学师资力量的建设,进而保障常规教学工作的开展。另一方面,对课程体系以及课程内容进行调整优化也是保证常规教学工作顺利开展的重要手段之一。与时俱进的调整课程体系、课程内容,适应社会发展,满足学生学习需求,以保证教学工作的有效开展。

2. 灵活应对专业临时项目化任务

专业教学团队在运行过程中不仅仅要面对常规教学工作任务,还需要面对许多临时性的、需要在特定时间内完成的项目化任务,此时就需要专业教学团队及时作出应对,尽快完成各项任务。这也是专业教学团队极为重要的功能之一。专业教学团队由具有不同属性的成员组成,每位成员都有其擅长之处,在面对不同的临时任务时,有部分团队成员往往对任务具有一定的基础认识,通过团队成员之间的相互合作可以保证团队面对大多数任务时能及时地作出反应。即使某项任务团队中的所有成员都未曾了解,通过团队之间的分工合作,每位成员分别负责深入了解其中的一部分内容,再进行相互沟通,也能保证每位团队成员可以尽快地、全面地认识任务,进而保证团队及时完成该项任务。

3. 推动专业建设的可持续高质量发展

推动专业建设是专业教学团队最为根本的功能之一。专业教学团队是推动专业建设的重要力量,对于专业建设的影响既是全面的也是长远的。其中最为主要的路径是通过推动教师的可持续性发展,为教师专业水平的提高提供学习平台和动力源泉,促进教师之间的相互合作,取长补短,推动自身发展,进而保证专业建设不断前进。同时,专业教学团队在专业课程建设、实训基地建设、教学管理改革等方面也都发挥了极为重要的推动作用。专业教学团队的建设有利于统合多方资源,为专业建设提供全面的资源支持。如专业教学团队通过统合专兼职教师资源,深化校企合作,进而切实强化实训基地的功能,发挥其应有作用。

(四)高职院校专业教学团队的组织属性

1. 目标一致性

斯蒂芬·罗宾斯认为团队是指为了实现某一共同目标而由相互协作的个体所组成的正式群体。① 高职院校专业教学团队的目标一致性是由其作为一类团队存在即具有的根本组织属性。专业教学团队虽是由多个不同的个体组成,不同的个体具有不同的职称、特长、岗位职能,但在团队整体中每位成员的总体目标是一致的,这一共同目标是团队成员汇聚在一起的根本引力。不同层级、不同职能的成员皆是因这一共同目标而加入这一团队,相互凝聚在一起。也意味着目标一致性是教学团队成立的基础。同时,拥有一致的目标也是团队实现可持续性发展的根本保障,当团队成员为了同一个目标而付出自己的努力,通过相互合作、取长补短朝着共同的目标前进,才能共同推动团队的可持续性发展。

2. 师资二元性

高职院校专业教学团队的师资二元性由高职院校特殊的教学需求所决定。高职院校教学工作服务于其人才培养目标,即培养适应社会经济发展所需要的面向特定职业岗位,既有一定理论知识又有较强实践动手能力的应用型人才,这也就要求高职院校教师既需要具有理论知识也需要具备一定的实践能力。而当前高职院校中的专任教师很难同时具备高深的理论知识与娴熟的实践能力,虽然高职院校

---

① 斯蒂芬·P.罗宾斯.管理学[M].4 版.北京:中国人民大学出版社,2003.

通过安排专任教师每年到企业中实习锻炼等方式来提高教师的实践能力,但其水平与理想状态仍存在一定差距。因此在组建专业教学团队时为全面满足人才培养需求,招聘具有娴熟实践能力的企业兼职教师是必然之举,师资二元性也就成了高职院校专业教学团队的基本属性之一。

3. 任务多样性

高职院校专业教学团队作为高职院校教学工作的最基层组织,其工作任务具有多样性的特征。主要可分为三个方面,即常规教学任务、专业建设任务、项目化任务。虽主要方向仅有三项,但其分别包含的任务却是多种多样。常规教学任务是指专业教学团队根据人才培养方案的要求以课堂为主阵地完成人才培养的相关活动,包括备课、课堂教学、教研活动、实习指导、作业批改等常规教学工作任务。专业建设任务是指以专业建设质量提升为核心,专业负责人带领教学团队通过持续不断地采取关键行动推动专业人才培养与市场需求的动态耦合匹配,包括市场调研、课程体系开发、教学资源开发、教学团队建设与管理、校企合作、专业教学质量诊断与评价等。项目化任务是指专业教学团队通过组建临时团队在某一特定时间内完成上级政府或其他机构发布的相关教学改革项目、竞赛项目、试点项目和奖项获取项目等,包括教学成果奖申报、学生技能竞赛、教师教学技能竞赛、现代学徒制试点、专业教学资源库、国家规划教材、精品资源共享课开发等。

4. 建设动态性

高职院校专业教学团队建设工作是一个长期动态发展的过程,团队建设的动态性也是团队的根本属性之一。一方面,源于团队建设的外在需求。当前社会发展日新月异,随之而来的新技术、新工艺、新流程、新岗位等都对高职院校的教学工作提出了新的要求,而为了满足社会不断更新的教育需求,专业教学团队的发展建设必然是动态性的、长期性的。另一方面,源于团队建设的内在需求。专业教学团队自身内涵化发展是团队建设的内在动力,内涵化发展也是一个长期性、动态性的过程,自团队建立起,这一过程即始终伴随着团队。故无论是外在需求抑或是内在需求,都要求专业教学团队与时俱进,不断发展,呈现动态性、长期性的建设状态。

5. 发展协同性

高职院校专业教学团队是由一群具有共同目标的成员组成,成员与成员之间相互协作、共同完成所承担的任务,达成一项又一项发展目标。在这一过程中,团队以及成员自身都得到了发展,形成了成员个体与个体之间以及成员个体与团队整体协同发展的共生局面。一方面,团队发展与个人发展相互协同,成员个体的发展与团队整体的发展相互协同前进,成员个人的提升将会在一定程度上帮助整个团队获得更强的应对能力,也相对地提高了团队的整体水平,而团队整体的发展也将通过提供更为优质的发展平台等方式帮助个体成员实现自身的发展。另一方面,团队成员之间发展相互协同,团队成员在完成项目任务过程中通过相互合作,帮助对方弥补个体存在的不足,共同进步,实现个体与个体之间的协同发展。

二、高职院校专业教学团队运行的内涵

高职院校专业教学团队运行目标指向高素质技术技能人才的培养,团队运行的环境包含了宏观政策环境、中观学校环境和微观院系环境,三个层面都对专业教学团队的运行产生了直接影响。对专业教学团队的分析可以通过运行动力机制、运行协同机制、内部运行调控和外部运行调控四个方面展开分析。

(一)高职院校专业教学团队运行的组织目标

团队这一概念最初诞生于企业管理之中,它是指"由少数有互补技能、愿意为了共同的目的、业绩目标和方法而相互承担责任的人们组成的群体。"[1]高职院校专业教学团队也是为了共同目的、业绩目标而组建在一起的教育机构。高职院校作为一个以技术知识传承和创新为使命的专业性教育组织,其承担的职能包含了人才培养、技术技能积累与创新、社会服务和文化传承。人才培养是高职院校的核心职能,是高职院校区别于其他类型组织机构和教育机构的核心判断标志。从人才培养定位来看,高职院校以培养高素质技术技能人才为使命,该类人才同学术型高校培养的科学研究型人才和工程类高校培养的工程型人才在知识、技能以及素养上都有着较大的差异,这种差异决定了应由不同的教育机构分别承担不同类型人才培养的使命,其中技术技能人才的培养主要由高职院校承担。"职业教育的'专业'不是对学科体系专业分类的简单复制,不是学科体系演绎的结果,而是对真实职业群或岗位群所需要的共同知识、技能和能力的科学编码,是职业行动体系归纳的结果。"[2]高职院校技术技能人才培养功能的实现是由不同的"专业"所承担的,"专业"是高职院校人才培养的基本单位,也是高职院校进行资源整合的基本依据。"专业"不仅服务对应的职业岗位群,也为高职院校进行校内资源整合与分配提供了基本的线索依据。专业不仅是课程的集合,同时也是人才培养的基本组织实体,它能将不同能力、不同职称、不同年龄的教师在"专业"这一组织平台上形成紧密的教学共同体,也能将为了达成培养高素质技术技能人才的使命集合为一个有机的整体。

---

[1] 彼得·F.德鲁克.知识管理[M].北京:中国人民大学出版社,1999.
[2] 姜大源.职业教育教学思想的职业说[J].中国职业技术教育,2006(22):1.

(二)高职院校专业教学团队运行的组织环境

高职院校专业教学团队运行不是在真空环境下发生的,而是在特定的场域环境下和场域内外不同主体在信息、资源的交互过程中运行的。高职院校专业教学团队运行的组织环境可以按照实施主体的不同,划分为宏观政策环境、中观学校环境和微观院系环境。

宏观政策环境主要是各级政府通过政策出台、制度颁布发挥对专业教学团队的影响,这种影响的发生不是直接的,更多的是通过学校、院系这一中介桥梁来影响专业教学团队的运行。尤其是各级教育行政管理部门,作为高职院校办学的业务指导部门,会出台一系列重要的制度管理举措来推动高职院校人才培养质量的提升,比如在一系列人才培养的关键领域所设计的相关项目就极大地促进了高职院校对内部资源的重构与调整,在调整过程中必然会影响到专业教学团队的组织模式和运行方式。

中观学校环境是高职院校专业教学团队运行所处的重要场域,"专业"是高职院校人才培养功能实现的基本载体,也是评判高职院校办学质量的主要依据,因此高职院校会通过组织设计、激励制度、管理规范等多个方面推动专业教学团队的高质量运行,通常学校层面会明晰"专业"这一基层教学组织所承担的组织使命,专业教学团队负责人的遴选办法、团队成员构成以及专业建设的绩效管理与评价,这些宏观性的保障专业教学团队有效运行的制度都由学校层面出台。

微观院系环境是高职院校专业教学团队运行的重要场所,院系通常由一组相关的专业集合而成,是高职院校办学功能实现的重要载体,近年来为了能够提升专业服务区域产业的能力,高职院校通过下放人、财、物等权力来激发二级院系的办学活力,院系在高职院校办学功能的实现上正发挥着越来越重要的作用,院系内部也会直接出台专业教学团队管理与建设的相关制度规定,专业负责人的遴选以及团队的构成通常也都由院系直接进行管理。

总而言之,高职院校专业教学团队的运行受到了各个层面的影响,每个层面发挥影响的手段与方法各有不同。政府宏观层面主要通过出台相关的政策管理办法来推动专业教学团队的建设,如通过遴选示范性专业教学团队,以期引领带动高职院校专业教学团队建设的整体高质量发展,对专业教学团队运行的影响较为间接。学校则会直接出台团队建设的相关制度规定来引导专业教学团队建设的方向,教师激励制度、职称评定制度、绩效考核制度等多方面制度规范都会具体影响到专业教学团队的运行。而院系对专业教学团队的影响则较为直接,通过行政干预、奖励机制、文化建构等多种手段对专业教学团队产生影响。

(三)高职院校专业教学团队运行的基本结构

高职院校专业教学团队运行特指由专业负责人带领团队成员完成相关任务的

动态运行过程。其基本结构包括:运行动力机制、运行协同机制、内部运行调控、外部运行调控。

其一,运行动力机制。团队是由一个个团队中的独立个体组合而成,不同的成员身处团队之中在面对各项任务时,驱动成员参加这些任务的动力有共通之处,但显然也存在许多不同之处。而就团队整体的运行动力机制而言,就是各个成员所具有的各类动力的组织集合,也就是这些动力在团队整体运行过程中以某种结构进行组合,保证团队的整体运行。同时需要注意的是团队整体的运行动力机制因为其组成部分的团队成员相互之间的差异性以及他们在面对不同任务时驱动力的差异性导致团队在面对不同情境时会呈现出不同的结构关系,占主导地位的驱动力会有所变化,具体驱动方式也会有所差异。

其二,运行协同机制。教学团队运行过程中完成各项任务除了需要有一定的驱动机制推动团队保持运行,更需要团队中成员之间的相互协同配合。运行协同机制即是团队中的各类成员为了完成特定任务而相互协同合作的方式、形式。团队中的成员组成一般具有异质性,以避免团队组成过于同质化不利于团队多方面功能的实现,而这些具有一定异质性的成员之间为了完成团队共同承担的任务时需要进行一定的协同配合,协同配合的方式、形式往往是在各个团队运行过程中相互之间约定俗成的一个过程,逐渐形成一种固定的运行协同机制,而且在面对不同的任务时运行协同方式会有所不同。

其三,内部运行调控。团队内部保证团队正常运行的各类机制除了由成员内生的动力机制以及相互协同机制,还有来自团队内部的整体运行调控机制。团队虽然是由一个个独立自主的成员组成,但其作为一个整体必然需要有一定的整体运行控制机制存在,才能保证整个团队有序、高效地运行,才能在成员内生的驱动力或是相互协同机制出现不足之时进行一定的调控弥补,保证团队的持续运行。就当前而言,大多数高职院校专业教学团队都设立了专业负责人一岗(或名称不同,但实际履行管理团队责任的岗位)。团队内部的运行也大多由专业负责人控制,专业负责人根据团队所要承担的相关任务进行团队内部调控,包括人员配置、任务分配等工作。

其四,外部运行调控。专业教学团队作为高职院校中的基层教学组织,团队的运行处于整个院校的整体发展环境之中,因此团队的运行不仅仅需要有团队内部的运行调控机制,外部的运行调控机制同样不可或缺。外部的运行调控包括通过科层制的管理下达各类任务、设立一定的奖励机制激励团队完成相应任务、出台相关管理办法规范团队运行等。一方面,外部运行调控机制是为了保证团队有序、高效地运行,完成各类任务;另一方面,外部运行调控是为了保证团队整体的运行过程以及最终的运行结果与院校整体的期望相符,发挥好院校基层教学组织的拼图作用,在完成各类任务过程中外部运行调控起到的作用极为显著。

小结

  高职院校专业教学团队建设对高职院校高质量发展具有十分重要的价值意义,高职院校专业教学团队的高效运行不仅有利于促进教师专业发展、有利于提高人才培养水平、有利于促进院校教学改革,还有利于促进院校专业建设质量的提升。高职院校专业教学团队从构成上来看,包含了专业带头人、骨干教师、初任教师和兼职教师,他们作为教师团队的重要成员,所承担的职责各有不同,都发挥着重要作用。高职院校专业教学团队在整个高职院校的组织运行中肩负着十分重要的职责,包括保障专业常规教学工作顺利开展,灵活应对专业临时项目化任务,推动专业建设的可持续高质量发展。高职院校专业教学团队自身的组织属性具有目标一致性、师资二元性、任务多样性、建设动态性、发展协同性等特征。高职院校专业教学团队运行的最终目标是达成高素质技术技能人才的培养,在运行过程中受到了学校多重环境的影响。专业教学团队运行的关键要素可以从理论层面分为运行动力机制、运行协同机制、内部运行调控、外部运行调控。

第二章　高职院校专业教学团队运行调研方案

　　高职院校专业教学团队的研究已经取得较大突破，尤其对专业教学团队的基本内涵、结构以及功能的分析都较为系统全面，但仍然存在一些关键性的问题有待进一步深入探究。其一，当前围绕专业教学团队的研究过于静态，聚焦于团队在年龄、职称、能力、专兼等方面结构的合理性，而忽视了团队内部成员之间的协作互动关系，尤其缺乏对团队成员互动合作过程的研究，无法深入认识、了解专业教学团队在动态运行过程中的一些关键细节；其二，缺乏对专业教学团队运行复杂性的深入认知，现有研究但凡涉及团队成员协作互动关系的研究都过于笼统和空泛，仅对其进行整体性的概貌性描述，而没有深入探究在不同教学任务下专业教学团队运行状态的差异性，对专业教学团队运行过程及差异性缺乏深入了解；其三，缺乏对制度环境与教学团队运行关系的深入阐述，目前尚未有研究深入探讨高职院校制度环境与专业教学团队运行之间的互动关联，在脱离专业教学团队运行实际基础上提出的制度环境改善建议容易无的放矢，因此十分有必要厘清制度环境影响专业教学团队的内在机理是什么，这是优化专业教学团队运行环境的学理依据。正是基于上述问题，本研究决定综合采用多种质性研究方法深入剖析高职院校专业教学团队运行的客观现状，着重分析造成专业教学团队运行差异的制度成因。

一、研究框架

　　高职院校专业教学团队从成员构成上包括了专业负责人、骨干教师、初任教师、兼职教师。专业负责人是指在高职院校"专业"这一基层教学组织单位中，肩负着明确专业发展战略方向、整合校内外学习资源、诊断教学问题、规划设计课程教学体系等专业建设职责，通过多种方式和途径影响专业教师，带领专业教学团队实现专业建设发展目标的人。专业负责人在整个团队中负责专业建设领导者的角色，其不仅需要通过扎实的市场调研明晰本专业发展的现状、存在的问题和未来发展方向，还需要发挥自身的专业影响力，带领所属的专业教学团队达成专业建设目标,提升专业人才培养质量。[①] 骨干教师是高职院校专业教学团队的主要构成,是高职院校专业教学任务完成的主要实施者,不仅应具备较好的课堂教学能力,还应掌握职业教育课程开发的原理与技术流程,能够及时将新技术、新规范融入课程,能够进行教学资源的系统开发。初任教师是高职院校新入职的教师,他们应具备较好的课堂教学能力,理解职业院校课堂教学的基本规律,掌握必要的教育教学手段,尤其能够灵活掌握信息化教学技能。兼职教师是高职院校聘请的来自行业企业一线的工程技术人员、能工巧匠以及管理人员,他们通常具备较为丰富的专业素养,能够较好地弥补职业院校教师专业实践能力不足的问题,是高职院校专业教学团队的重要成员,对推进专业教学任务高质量完成发挥着重要作用。高职院校专业教学团队的构成主要是按照团队运行过程中所承担的角色任务及能力的不同进行分类,之所以采取上述分类方法,主要是因为要考察专业教学团队在完成专业教学任务时的协作互动的真实状态,以角色任务和能力差异不同为分类依据能够更为详细地了解专业教学团队在运行过程中的真实状态。

在正式进行调研之前,首先对高职院校专业教学团队所承担的职责任务进行分析归纳,如表 2-1 所示,在预调研过程中发现,高职院校专业教学团队的运行状况同所承担的工作任务有着紧密的关联性,在承担不同工作任务时,专业教学团队的运行状态呈现出了较大的差异性。采取工作任务分析法对专业教学团队所承担的职责任务进行深入分析,专业教学团队所承担的工作任务可以划分为三个方面,分别是常规教学任务、项目化任务、专业建设任务。常规教学任务是指专业教学团队根据人才培养方案的要求以课堂为主阵地完成人才培养的相关活动,包括备课、课堂教学、作业批改、学业辅导、学业考核等。项目化任务是指专业教学团队通过组建临时团队在某一特定时间内完成上级政府或其他机构发布的竞赛类项目、相关教学改革创新项目、荣誉类项目和试点类项目,包括教学成果奖申报、学生技能竞赛、教师教学技能竞赛、现代学徒制试点、专业教学资源库、国家规划教材、精品资源共享课开发等。专业建设任务是指以专业建设质量提升为核心,专业负责人带领教学团队通过持续不断的采取关键行动推动专业人才培养与市场需求的动态耦合匹配,包括市场调研、课程体系开发、教学资源开发、专业教学团队打造与凝聚、校企合作、专业教学质量诊断与保障等。

---

① 王亚南,石伟平.转型发展背景下高职院校专业带头人角色定位的实证研究——基于对专业带头人岗位职责书的内容分析[J].中国职业技术教育,2017(15):14-21.

表 2-1　高职院校专业教学团队工作任务分析表

工作领域	工作任务	工作子任务	主要内涵
1.常规教学任务	1.1 备课	1.1.1 熟悉课程标准与教材 1.1.2 分析教学问题 1.1.3 确定教学目标 1.1.4 设计教学方案 1.1.5 集体备课研讨	教师在熟悉课程标准与教材的基础上，预先分析教学过程中可能会遇到的问题以及教学活动的最终目标，并为解决问题达成目标设计具体教学活动。备课除了由教师个人完成之外也可通过开展正式或非正式的教学研讨活动进行集体备课
	1.2 课堂教学	1.2.1 教师讲解 1.2.2 学生问答 1.2.3 教学反思	教师给学生传授知识和技能的全过程，教师将自身所理解的课程内容讲授或演示给学生，在此过程中学生就知识或技能难点、疑惑点与教师或同学进行询问讨论。教师在这一过程中要及时对教学活动进行思考，教学相长，在教的过程中有所收获。当前主要教学形式包括线上教学、线下教学抑或混合式教学等
	1.3 作业批改	1.3.1 作业布置与回收 1.3.2 内容批改与反馈 1.3.3 结果思考与总结	教师为了解学生对课堂教学内容实际掌握情况布置一定量围绕教学重难点内容的作业，以纸质、口头或是电子等形式布置，并在规定时间内回收，通过对作业批改分析，研判课堂教学效果，为下次教学活动提供一定的参考
	1.4 学业辅导	1.4.1 教学辅导 1.4.2 实习指导 1.4.3 毕业论文/设计辅导	学业辅导贯穿于整个教学过程，首先是在课堂教学结束之后的教学辅导，包括线上、线下相结合的教学辅导工作，通过网上答疑、面对面辅导等形式开展，经常与作业批改相结合。其次是在学生实习的过程中由学校专任教师与企业、行业兼职教师共同合作完成的实习指导。最后是在学生完成毕业论文或毕业设计的过程中教师给予一定的辅导。学生在教师指导下，就选定的课题进行工程设计和研究，最后提交一份报告。这一过程形式多样，包括毕业论文、案例收集、调查报告等，不同专业要求稍有不同

续表

工作领域	工作任务	工作子任务	主要内涵
1.常规教学任务	1.5学业考核	1.5.1过程性考核与评价 1.5.2终结性考核与评价	学业考核是指以教育教学目标为依据,运用恰当的、有效的工具和途径,系统地对学生的知识和能力水平进行价值判断的过程。包括过程性评价与终结性评价,两者各占总评价50%。其中过程性评价由出勤、作业、在线课程学习等部分构成,终结性评价则包括期末考试、考核等。一般是在教学活动告一段落后,为了解教学活动的最终效果而进行的评价
2.项目化任务	2.1竞赛类项目	2.1.1职业院校技能大赛教学能力竞赛 2.1.2职业院校技能大赛学生技能竞赛 2.1.3互联网+大学生创业大赛 ……	竞赛类项目包括国内各类职业技能竞赛,是以学生或教师职业技能为主要竞赛内容,把竞赛结果作为衡量高职院校教学成果质量的标准之一。是我国各类职业院校技能教育实践活动的重要方法与形式,是提高技术性、专业技能型人才队伍培养素质的重要工具与抓手。开展技能竞赛最终目的是希望有助于有效地促进院校教学质量与教学水平的提升,推动其专业化建设与课程体制的改革
	2.2教学改革创新项目	2.2.1职业教育教师教学创新团队 2.2.2国家精品在线开放课程 2.2.3专业教学资源库 2.2.4国家规划教材 2.2.5国家专业教学标准 2.2.6职业教育示范性虚拟仿真实训基地 ……	教学改革创新项目包含有关教学活动的各个维度,例如教师、课程、教学资源、教材、教学标准等。通过开展各个维度的创新项目一方面是促进院校各维度教学活动水平的提升。另一方面有效改善各院校的整体教学质量,提升人才培养质量

续表

工作领域	工作任务	工作子任务	主要内涵
2.项目化任务	2.3 荣誉类项目	2.3.1 教学成果奖 2.3.2 国家级教学名师 2.3.3 全国高校黄大年式教师团队 2.3.4 全国技术能手 2.3.5 全国模范教师 2.3.6 全国师德模范 ……	荣誉类项目多是通过设定一定的标准，选拔部分典型，加以荣誉或物质奖励，起到一定的示范作用，并通过优胜劣汰的形式推动各院校之间的良性竞争，以期推动整体职业教育质量的提高
	2.4 试点类项目	2.4.1 现代学徒制试点 2.4.2 本科高职试点 ……	试点类项目多是对一些新的人才培养方式的尝试，通过开展试点的形式，掌握新型人才培养方式的具体运行效果以及运行重难点，为之后的推广提供一定的参照
3.专业建设任务	3.1 专业发展环境调研与研判	3.1.1 专业发展环境调研 3.1.2 专业发展规划研制 3.1.3 专业发展规划论证	深入专业所对应的行业、企业开展需求调查研究，了解区域产业结构升级对人才规格需求所发生的变化，然后结合市场的人才需求，根据学校已有的资源优势和未来发展的战略重点制订本专业的发展规划，并根据区域经济发展需求确定专业的人才培养目标。除此之外还要对省内外同等层次或不同层次学校，与本专业相同或相似专业的发展特点及其发展趋势进行深入的跟踪调研，找到本专业发展的比较优势，进一步明确本专业发展的现状、未来趋势以及同国内先进水平的差距
	3.2 专业课程体系规划与设计	3.2.1 人才培养目标定位 3.2.2 人才培养方案设计 3.2.3 组织开发课程标准	由专业带头人牵头依据行业、企业调研结果所确立的专业发展方向和人才培养规格，组织教师团队研究制定本专业的人才培养方案，并进行课程的设计与开发，为本专业学生规划设计一条有助于其经过3年的学习后能够胜任岗位需求的学习路径

续表

工作领域	工作任务	工作子任务	主要内涵
3.专业建设任务	3.3 专业教学任务组织与实施	3.3.1 常规教学任务组织与实施 3.3.2 实习教学任务组织与实施 3.3.3 职业资格证书考试组织与实施	团队整体在进行资源配置与筹划的基础上,根据专业教学的目标与方向,以及团队中每位教师的特长合理安排教学任务,通过分工协作的形式完成各项专业教学任务
	3.4 专业学习资源开发与整合	3.4.1 教材资源开发 3.4.2 教学资源库开发 3.4.3 校外实践学习资源开发 3.4.4 校内实践学习资源开发	专业学习资源内容丰富,包括教材、实习实训场地、专业教学资源库、实验室等。各类资源即相互联系又相互独立,各项资源需要根据专业需求进行及时的更新、开发、整合,以满足学生学习需求
	3.5 专业教学引领与示范	3.5.1 新课程开发与建设 3.5.2 专业竞赛组织与指导 3.5.3 示范课程的建设与分享	将最先进的技术、工艺融入课程之中,试验新的教学方法、教学模式,在全国或区域同专业教学团队中起到示范、表率的作用
	3.6 专业教学改革与创新	3.6.1 重点项目申报 3.6.2 人才培养模式革新 3.6.3 教学改革与创新	应对来自政府、学校的亟待改革的问题。通过承担不同层级的教学改革任务实现专业建设质量的提升。或者由专业带头人领头组织团队申报教学改革项目促进专业教学改革与创新

续表

工作领域	工作任务	工作子任务	主要内涵
3.专业建设任务	3.7 专业教学团队打造与凝聚	3.7.1 教师队伍建设规划 3.7.2 教师专业发展引领 3.7.3 兼职教师聘任管理 3.7.4 青年教师培养 3.7.5 教师队伍向心力凝聚	根据专业建设的需要和教师团队中各位教师的特长和发展意愿,制定专业教学团队的建设方案,按照一定的发展阶段和规划要求,有计划地培养青年教师和骨干教师,定期安排企业兼职教师来学校培训,打造一支专兼合理、能力互补的专业教学团队
	3.8 专业文化塑造与渗透	3.8.1 教风塑造 3.8.2 学风塑造	塑造专业所特有的行业优秀文化,在教育实践中通过言传身教的形式让学生和教师都能认同这一独有文化
	3.9 专业教学质量诊断与保障	3.9.1 教学文件的审核敲定 3.9.2 常规教学运行的监控 3.9.3 教学问题诊断与分析 3.9.4 质量保障体系构建	专业教学质量的诊断与保障包含多个方面,包括对静态教学文件的审核以及动态教学运行活动的监控,对具体教学问题的诊断以及整体保障体系的构建。大多通过内部自查、外部督导、教学业绩考核排名、第三方评价等形式对专业教学质量加以监测保证

高职院校专业教学团队运行特指由专业负责人所带领的教学团队为了能够完成特定教学任务而互相协作达成目标的动态过程,专业教学团队运行包含了运行动力机制、运行协同机制、内部运行调控以及外部运行调控四个方面,是专业教学团队结构发挥功效、实现目标的动态化过程,如图 2-1 所示。运行动力机制着重考察团队因何而动,运行所欲达成的目标是什么,驱动教师完成各种不同教学任务的背后真正的动机是什么;运行协同机制着重考察在组织中承担不同角色的教师之间在完成教学任务时如何进行相互协作,又是如何处理冲突达成目标;内部运行调控主要考察团队内部权力配置关系如何,尤其作为专业建设领导者的专业负责人如何向团队其他成员施加影响力;外部运行调控则着重考察团队外部相关主体是

如何通过制度设计、权力施加、文化建构等多方面举措来影响专业教学团队的运行。在基本明晰高职院校专业教学团队所承担的职责任务和专业教学团队运行内涵基础上,本研究试图深入分析专业教学团队在完成不同的教学任务过程中是如何运行的,在完成不同任务过程中,教学团队在运行动力、协作关系、内部调控以及外部的干预影响上是否存在着不同特征。

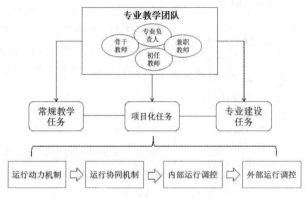

图 2-1 本研究的理论分析框架

二、调研目标

高职院校专业教学团队运行呈现了怎样的现状,团队成员之间如何相互协同合作共同完成专业教学任务是本研究的核心研究目标,在这一核心目标之下可以再细分为以下子目标。

目标1:高职院校专业教学团队在完成常规教学任务时呈现怎样的互动合作模式。

目标1-1:高职院校专业教学团队在完成常规教学任务时主要的内在驱动力为何。

目标1-2:高职院校专业教学团队在完成常规教学任务时如何进行协同合作。

目标1-3:高职院校专业教学团队在完成常规教学任务时团队内部如何进行有效协调。

目标1-4:高职院校专业教学团队在完成常规教学任务时外部环境如何影响团队运行。

目标2:高职院校专业教学团队在完成项目化任务时呈现怎样的互动合作模式。

目标2-1:高职院校专业教学团队在完成项目化任务时主要的内在驱动力为何。

目标2-2:高职院校专业教学团队在完成项目化任务时如何进行协同合作。

目标2-3:高职院校专业教学团队在完成项目化任务时团队内部如何进行有效协调。

目标2-4:高职院校专业教学团队在完成项目化任务时外部环境如何影响团队运行。

目标3:高职院校专业教学团队在完成专业建设任务时呈现怎样的互动合作模式。

目标3-1:高职院校专业教学团队在完成专业建设任务时主要的内在驱动力为何。

目标3-2:高职院校专业教学团队在完成专业建设任务时如何进行协同合作。

目标3-3:高职院校专业教学团队在完成专业建设任务时团队内部如何进行有效协调。

目标3-4:高职院校专业教学团队在完成专业建设任务时外部环境如何影响团队运行。

目标4:高职院校专业教学团队在完成不同专业任务时运行状态是否存在显著差异。

目标5:高职院校专业教学团队运行过程中如何受到外部制度环境的影响,这种影响的内在机理是什么。

三、调研方法

本研究是一个基于个案的田野调查,通过对多个专业教学团队的调查,将研究问题放置在高职院校真实的生活(工作)场域中进行深入考察。具体的调查方法选择以访谈法为主,问卷调查法为辅,由于研究内容主要是关于团队内部成员的协作互动关系和处于场域不同位置教师对团队运行状态的主观认知,采用质性研究方法可以获得更为细致和深入的研究。在同访谈对象的交流过程中主要采用了半结构访谈法,访谈问题主要围绕专业教学团队在完成不同工作任务的过程中,内部成员之间如何协同合作,是否存在矛盾与冲突以及如何进行协调,专业负责人作为专业教学团队的负责人起到何种角色和发挥何种作用,学校和院系的制度设计又是如何影响教学团队的运行。在进行访谈过程中,始终坚持遵循以下三个基本原则:第一,坚持从团队成员的视野出发,从团队运行的细节入手,自下而上地洞悉教学团队日常的相互协作与运行状态,深入挖掘运行背后的细节性信息;第二,将团队运行和制度环境的互动关系作为访谈的重点,学校在激励机制、管理运行、绩效管理等多方面的制度设计是如何具体影响到团队的运行;第三,在深入挖掘关键细节信息过程中不能忽视整体性,通过"扎根理论"的方式建构理论命题,避免陷入琐碎和肤浅。为了能够全面深入地了解当前高职院校专业教学团队运行的真实状态，本研究综合采用了文献调研法、问卷调研法、访谈调研法和个案调研法四种方法，每一种调研方法的使用都有其特有的功能定位，不同方法之间彼此互补、相辅相成。

（一）文献调研法

"文献调研法是围绕着研究项目及客体的需要而有目的有计划地查阅文献情报资料的一种科学研究方法。它是完成科研任务必须采用的一种基本方法。文献资料的种类繁多，如图书、期刊、杂志、报纸、研究报告、专利说明书以及微缩胶片、音像带、计算机磁带等。……科学工作者面临着巨大的信息库，仅靠自己查阅文献是远远不够的，必须采用现代化的查阅方法。"[①]文献调研法超越了时间、空间的限制，通过对古今中外文献进行调查可以研究极其广泛的社会情况，获得更为精准、可靠的信息，而且是一种非常省时、省钱和高效的调查方法。本研究采用文献调研法具有非常重要的作用，对于厘清研究思路、论证研究结论具有十分重要的价值意义。从本研究所调研的文献种类来看，主要包括了以下几种文献资料。其一，聚焦教学团队的相关学术研究成果。本部分文献资料主要是相关学者围绕教学团队的学术研究成果，该类成果一般聚焦于团队结构、组成要素、运行状态、存在的问题及优化路径等方面展开系统研究，本部分文献资料主要是帮助本课题厘清研究思路、明晰研究框架，提出研究路径。其二，院校自身发布的与专业教学团队运行相关的制度文件。该类文献是本研究所欲获取的关键性文献，对于深入了解专业教学团队运行的制度环境具有十分重要的价值意义。这些制度规章一般包含了学校内部的绩效管理规定、教学运行管理规定、专业教学团队组建及管理办法、优秀专业教学团队遴选办法、教师职称评定管理办法、教师教学业绩考核管理办法、专业级教育组织绩效管理办法等一系列相关的制度文件。其三，院校内部发布的相关通知及教师个人的相关书面材料。除了一些官方发布的制度规定文件外，本研究还收集了某些院校在内部发布的相关通知和教师个人撰写的相关文字材料，例如年终总结、备课资料、学情分析等相关材料。

（二）问卷调研法

"问卷调研法是以书面提出问题的方式搜集资料的一种研究方法。研究者将所要研究的问题编制成问题表格，以邮寄、当面作答或追踪访问等方式填答，从而了解被试对某一现象或问题的看法和意见，所以又称问题表格法。"[②]问卷调研法方

---

① 李庆臻.科学技术方法大辞典[M].北京:科学出版社,1999.
② 裴娣娜.教育研究方法导论[M].合肥:安徽教育出版社,2019:169.

便实用且较为省时,能够在较大范围内搜集与研究主题相关的信息资料,便于整理归类,而且能够做定量统计处理,从而使得研究成果具有一定的代表性。高职院校专业教学团队运行的客观现状到底呈现何种状态特别需要展开较大规模的问卷调查,因为高职院校从办学体制、层次和行业领域等方面分成众多类型,不同类型院校专业教学团队运行必然存在一定的差异性,这就需要通过问卷调研法来全面调查当下高职院校专业教学团队运行的基本现状,这是一种能够在较短时间内获取客观、真实资料的重要方法。本研究问卷编制的基本结构将按照研究框架进行设计,从常规教学任务、项目化任务、专业建设任务三个方面进行系统设计,每个方面分别从运行动机、运行协作、内部调控和外部调控四个方面编写相关的题项,从而保证能够全面了解当前高职院校专业教学团队运行的基本现状。

(三)访谈调研法

"访谈,就是研究性交谈,是以口头形式,根据被询问者的答复搜集客观的,不带偏见的事实材料,以准确地说明样本所要代表的总体的一种方式。尤其是在研究比较复杂的问题时需要向不同类型的人了解不同类型的材料。"[①]本研究之所以采取访谈调研法是为了能够较好地弥补问卷调研法的不足,因为问卷调研法虽然能够大规模调查研究对象对某一事物的观点与看法,但由于问卷调查的限制,搜集的材料往往只是表面的,不能够真正了解到研究对象内心世界的真实想法,而且也存在部分答题者没有按照自身的真实想法进行填答或随意填答。因此,在问卷调研法的基础上,本研究决定进一步采取访谈调研法来进行调查,相关资料的搜集主要通过研究者与被调查对象面对面的交谈方式来实现,被调查对象的身份包含了普通专业课教师、专业带头人、二级院系管理者和职能部门管理者等不同人群,试图从各个方面全面了解当前高职院校专业教学团队运行的基本现状,有效弥补问卷调研法的不足,访谈内容完全依照研究框架进行架构设计,采取半结构访谈方式开展实施。

(四)个案调研法

个案调研法是一种被人文社会科学普遍采用的方法,这一方法试图追踪研究某一个体或团体的行为,它包括对某个特定个案相关材料的搜集、记录,并最终形成个案调查报告。个案调研法在应用过程中通常会采用观察、面谈、搜集文件证据、描述统计、测验、问卷、图片、影片或录像资料等具体方法。本研究之所以采取个案调研法主要是为了进一步丰富研究成果,进一步论证访谈调研法和问卷调研法获得的研究结论,用较为生动和充满细节的方式来丰富研究。本研究在个案选

[①] 裴娣娜.教育研究方法导论[M].合肥:安徽教育出版社,2019:182.

取上将根据研究框架分别选择三个个案来进行研究,分别从专业教学团队在完成常规教学任务、项目化任务、专业建设任务时的三个典型事例来进行调研。

四、调研工具

为了能够深入调研当前高职院校专业教学团队运行的现状,在调研方法上选择以访谈调研法为主,问卷调研法为辅。问卷调研法是指研究者通过制定详细周密的问卷,要求被调查者根据自身的情况进行填答以收集和研究与主题相关资料的方法。访谈调研法则是研究者和受访者面对面地交谈来了解受访者对某一事物的态度和观点,根据访谈进程的标准化程度的不同,可以将访谈调研法分为结构型访谈调研和非结构型访谈调研。

(一)问卷调研工具

为了能够全面了解当前高职院校专业教学团队运行的基本现状,本研究采用了问卷调研法。该问卷严格按照高职院校专业教学团队运行的分析框架编制。第一部分是填答者基本信息填写,包括性别、职称、身份等个人信息;第二部分是常规教学任务下高职院校专业教学团队运行的基本现状调查,主要从驱动力、运行协调、内部调控和外部调控四个方面进行调查,一共包括 11 个题项;第三部分是项目化任务下高职院校专业教学团队运行的基本现状调查,主要从驱动力、运行协调、内部调控和外部调控四个方面进行调查,一共包括 8 个题项;第四部分是专业建设任务下高职院校专业教学团队运行的基本现状调查,主要从驱动力、运行协调、内部调控和外部调控四个方面进行调查,一共包括 10 个题项;最后一部分则是调查教师视野下不同任务在组织内的重要性、紧迫性进行对比分析。具体调查问卷详见附录 A。

(二)访谈调研工具

基于研究分析框架,本课题组设计了专门的访谈提纲,该访谈提纲一共包含了访谈提示语、访谈对象基本信息和访谈问题三个基本板块。访谈问题的设计主要基于研究分析框架,分别从专业教学团队运行的动力驱动、运行协同、内部运行调控和外部运行调控四个基本板块展开。具体访谈工具详见附录 B。

五、调研对象

本研究一共采取了四种调研方法,即文献调研、问卷调研、访谈调研和个案调研,除了文献调研以文献资料为对象外,其他三种调研方法所选取的调研单位都不相同,问卷调研以高职院校专业教学团队的教师为主,访谈调研对象则不仅包括教师也包括管理者,而个案调研的对象则分别根据个案研究主题确定调研对象。

(一)问卷调研对象

本次问卷调查通过问卷星的途径共调查了99名教师,从性别来看,男性教师51名,占比51.52%,女性教师48名,占比48.48%;从教师身份来看,专业负责人19人,占比19.19%,骨干教师32人,占比32.32%,初任教师35人,占比35.35%,兼任教师13人,占比13.13%;从教师的职称来看,正高级职称教师14人,占比14.14%,副高级职称教师35人,占比35.35%,中级职称教师26人,占比26.26%,初级职称教师14人,占比14.14%,无职称教师10人,占比10.1%;从教师所在学校的层次来看,国家"双高"校教师67人,占比67.68%,省级"双高"校教师11人,占比11.11%,其他院校教师21人,占比21.21%;从教师所在地区来看,东部地区教师33人,占比33.33%,中部地区教师17人,占比17.17%,西部地区教师49人,占比49.49%;从教师所属教师团队的层级来看,国家级教师教学团队10人,占比10.1%,省级教师教学团队16人,占比16.16%,校级教师教学团队41人,占比41.41%,其他教师教学团队32人,占比32.32%。

(二)访谈调研对象

为了能够深入了解当前高职院校专业教学团队运行的基本现状,如表2-2所示,本研究对33名受访者进行了深度访谈,访谈对象中专业负责人20人,骨干教师5人,初任教师1人,教育管理人员4人,领导3人。从专业分布来看,横跨多个专业大类,从学校层次来看,以国家遴选的"双高计划"建设学校为主体,仅有2所院校为非"双高计划"建设学校。

表2-2 受访者信息一览表

访谈对象	性别	专业	岗位	编码
HC	男	机械制造与自动化	专业负责人	A-Z-1
HZ	女	护理	专业负责人	A-Z-2
LJR	男	畜牧兽医	专业负责人	A-Z-3
LGH	男	酒店管理	专业负责人	A-Z-4
WJM	女	药学	专业负责人	A-Z-5
SS	男	会计	专业负责人	A-Z-6
SJ	女	学前教育	骨干教师	A-G-1
ZYH	男	会计	骨干教师	A-G-2

续表

访谈对象	性别	专业	岗位	编码
WL	女	电子商务	骨干教师	A-G-3
DL	男	旅游管理	骨干教师	A-G-4
YJY	女	早期教育	骨干教师	A-Q-1
ZJQ	男	思政	教育管理	A-M-1
LZR	男	教育管理	教务处副处长	A-M-2
LT	男	云计算与大数据	系主任	B-Z-1
XD	男	通信工程	系主任	B-Z-2
YR	男	云计算与大数据	初任教师	B-G-1
HXQ	男	校办副主任	教育管理	B-M-1
HGA	男	建筑钢结构工程技术	专业负责人	C-Z-1
HGB	男	教育管理	教育管理	C-Z-2
SJP	女	教务处干事	教育管理	D-M-1
GJW	男	工艺美术	专业负责人	D-Z-1
XF	男	电子商务	专业负责人	E-Z-1
WL	女	信息管理	专业负责人	E-Z-2
PL	男	市场营销	专业负责人	E-Z-3
WL	女	商务英语	专业负责人	E-Z-4
HL	女	工艺美术	专业负责人	E-Z-5
ZLS	男	服装设计	专业负责人	F-Z-1
WJ	男	精细化工技术	专业负责人	F-Z-2
HZA	男	汽车检测与维修	专业负责人	F-Z-3
HZB	男	电梯专业	专业负责人	F-Z-4
YWA	男	机械制造	专业负责人	G-Z-1
YWB	男	酒店管理	专业负责人	G-Z-2
SS	男	电子商务	专业负责人	G-Z-3

(三)个案调研对象

在个案研究对象的选择上,根据本次调研的目标和分析框架,分别选取了三个典型个案进行分析。为了能够深入了解高职院校专业教学团队在常规教学任务下的运行现状,本研究选择了以教研活动为个案研究主题,客观呈现当前高职院校教研活动开展的现状和存在的问题,以及教师群体如何认知和对待教研活动。为了能够深入了解高职院校专业教学团队在项目教学任务下的运行现状,本研究选择了某所高职院校金牌竞赛团队为个案研究对象,试图深入分析该金牌竞赛团队如何开展竞赛筹备活动,团队成员如何进行分工协作,以及学校如何对团队运行进行外部干预。为了能够深入了解高职院校专业教学团队在专业建设任务下的运行现状,本研究选择了以高职院校专业负责人为个案研究对象,试图深入分析高职院校专业负责人在开展专业建设活动过程遇到哪些问题,这些问题造成的原因为何,专业负责人如何看待自己在学校中的角色定位。

小结

为了能够深入了解当前高职院校专业教学团队运行的基本现状,本部分研究内容在第一章理论研究的基础上对整个调研进行了整体规划与设计。在正式开展调研之前首先对高职院校专业教学团队所承担的教学任务进行了归纳分析,因为前期调研发现专业教学团队在完成不同的教学任务时协作方式与沟通模式都会存在很大的差异。通过工作任务分析法,高职院校专业教学团队所承担的教学任务包含了常规教学任务、项目化任务、专业建设任务三个主要领域。在对团队工作任务分析的基础上,本研究提出了整个调研分析框架,即本次调研的主要目标就是为了探寻由专业负责人、骨干教师、兼职教师等群体所组成的专业教学团队在完成不同类型的教学任务时在运行动力机制、运行协同机制、内部运行调控、外部运行调控等要素上呈现出的运行特征。基于调研分析框架,本研究进一步提出了调研目标以及达成调研目标所需要采取的调研方法、调研工具。

第三章　原子化运行：常规教学任务下高职院校专业教学团队运行现状

教学作为教师最为核心的工作内容和职责，是学生习得职业知识最为重要的途径，也是教师专业发展的主要阵地。而由不同类型、能力素质的教师所组成的团体组织——教学团队是常规教学质量的重要保障，教学团队是否高质量、高标准地完成常规教学任务对于高职院校高质量发展有着至关重要的作用。通过调研个案院校不同专业教学团队在完成常规教学工作任务时团队的运行情况，教学团队呈现出较为明显的"原子化"运行特征，即教学团队成员之间由于缺乏必要的联结机制和联结通道，在完成常规教学活动过程中呈现出彼此"疏离"、无序互动的运行状态，如图3-1所示。本章以常规教学任务为视角，从教学团队的运行动力机制、运行协调机制、内部运行调控机制与外部运行调控机制四个层面，客观剖析其运行机理、运行特点及问题表征。

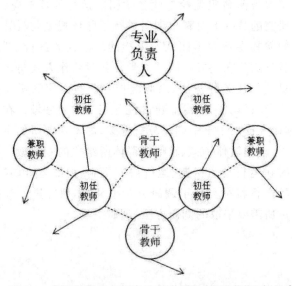

图3-1　常规教学任务下专业教学团队"原子化"运行示意图

一、以"良心驱动"为主导的运行动力机制

动力机制是高职院校专业教学团队完成常规教学任务的能量源泉，它不仅能

指引团队按时完成各项常规教学任务,还能较大限度地激发团队内教师各类教学能力的形成和提升,为团队高质量、高效率地完成常规教学任务提供内在保障。因此,针对教学团队动力机制的研究是厘清常规教学任务下专业教学团队运行机制的重要基础。基于前期对教学团队的走访调研以及对相关文献的梳理,本部分内容将教师团队常规教学任务的动力机制归因为利益驱动、压力驱动和良心驱动三个层面进行阐述。

(一)利益驱动

利益驱动是指利益主体出于对自身利益的追求而表现出的行为倾向与趋势,并形成达到其目标的行为动力。常规教学任务下教学团队的利益驱动既包含物质层面的显性利益(如课时费等),也包含精神层面的隐形利益,又称为成长利益(如教学能力提升等)。

基于物质利益驱动的视角,高职院校教师从完成常规教学任务的物质利益来决定自身完成常规教学任务的态度,具有较高的功利性。高职院校教师完成常规教学任务所获得的物质利益主要来源于课时费。无论是常规教学任务下的课堂教学、实习指导,还是毕业设计等诸多任务均以课时量进行统计,并通过课时费的形式发放给教师。然而,当前高职院校对课时费的发放存在两个问题:一是现阶段高职院校的单位课时费普遍较低,大多为20~50元/课时,这与市场上职业培训类课程动辄成百甚至上千的单位课时费相差甚远,对教师完成常规教学任务未构成较强的吸引力和推动力。二是教师完成常规教学的课时量被严重低估。目前,高职院校只将课堂教学、实习指导、毕业设计指导等纳入课时量的统计,而教师完成此外的常规教学任务并未纳入课时量的计算。以备课为例,骨干教师准备一堂"老课"的时长一般需耗时40分钟,准备新课的时长则要在此基础之上增加1~2倍,而新教师所需的时间则更长。以普通教师一年320课时(1课时为40分钟)来计算,仅备课就至少需要320课时。此外,还有诸如作业批改、教学辅导等课堂教学以外的工作量也都未纳入课时量的统计,更不曾在教师薪酬上体现。总而言之,教师完成常规教学任务时,单位课时费偏低,加之工作量被严重低估,导致所获得的薪酬与教师的付出不成正比,因此无法成为高职院校教师完成常规教学任务的核心动力。

据我了解,目前高职院校的课时费普遍低于市场。所以单从课时费来说,我认为教师完成常规教学任务的动力是非常有限的。就以我们学校为例,现有的课时费25元/课时,比校外市场上的课时费要低得多,如果按照利益驱动来说,显然无法达成激励高校教师高质高效完成常规教学任务的效果。(A—G—3)

我认为现有课时费和教师在常规教学任务下的付出是不成正比的。作为一个有多年教学经验的老教师,我想说的是要上好一堂课,仍然需花费很多时间去准备、去构思,因为你的授课内容不断在更新,受众群体的特质也一直在变化,比如90

后和00后的学生差异就很大。就我个人而言,如果所上的课程是一门老课程,通常一节课我需要40分钟的备课时间,包括增加和完善原有的知识点、更新案例等。如若是新开设的课程,那投入的时间还需增加1~2倍,因为还需要制作课件PPT等,比较耗时。而对于年轻教师或者是新教师而言,他们要上好一堂课,备课所需要的时间就更多了。如果就按上课的课时费来计算教师对常规教学工作的付出,显然无法形成正向的驱动。(B—G—1)

作业批改会占用老师很多的时间,有些老师会采用任务教学法,而任务教学法在批改作业方面占用的时间相对较多,因为每个学生、每个小组都有自己的任务需要完成。(A—Z—4)

从成长利益的角度出发,高职院校教师从常规教学任务中所获得的利益驱动主要来源于通过完成常规教学任务所获得的个人教学能力以及专业认知的提升,对教师整体的职业生涯发展具有一定的帮助。从常规教学工作的布局来看,常规教学任务贯穿人才培养的各个环节,是教师日常工作中接触和操作频率较高的一项工作,是促进教师教学能力提升较直接、较有效的渠道。教师在完成备课、讲课、说课、评课、实习指导以及毕业设计指导等各个育人环节的过程中,通过学生的反馈、同行的指导以及专家的点拨不断完善教学方法、提升教学技能,从而获得较为全面、专业的教学能力。从常规教学工作的架构来看,常规教学任务作为教学团队工作中最为重要的组成部分,关联或影响了教学团队工作的方方面面。教师在完成常规教学工作各个任务的同时,能够更具体和系统地掌握专业的规划和目标、课程构架以及内容制定等,从而构建出更为整体和全面的专业认知。通过教学能力和专业认知的提升,教师能进一步增加获取负责或参与专业其他项目(如教改项目、竞赛指导等)的可能性,而这些项目作为个人职称评聘和晋升的关键指标,对教师个人的职业发展有着至关重要的作用。因此,成长利益驱动对于那些对自身职业发展有一定规划和要求的教师具有一定的正向驱动作用,并且驱动效果较为明显。

从教师的个人发展来说。因为说句实在话,普通老师当了5年、10年以后,就想去当个课程组长,或者也想当个专业主任。但如果你想当个专业主任,其实你肯定要先明白这些常规教学任务是怎么干的,对不对?你首先要认真参与这些任务,你才知道这些活需要怎么完成。(D—Z—1)

当教师能较好地完成常规教学任务,他就越有可能或者说是越有信心去承接学院内甚至学校的一些相关项目,这些项目无论对老师的个人成长还是晋升而言都是非常重要的。从这点而言,大部分对自己有一定要求的老师还是会尽心尽力地去完成常规教学任务。(A—G—3)

从访谈的结果来看,物质利益驱动具有一定的驱动效果,但并不足以成为核心驱动力产生足够正向的、积极的驱动效果;而成长利益驱动则具有较强的针对性和间接性,它更容易对特定的教师群体产生明显的驱动。因此,无论是显性的利益驱动还是隐形的利益驱动,并不具备成为推动教师完成常规教学任务核心驱动力的普遍性和直接性,并不能作为教师专业团队的核心驱动力。

(二)压力驱动

压力驱动是指高职院校教师因政策、制度等外力因素的影响被动调整教学行为以完成常规教学任务的一种动力。常见的完成常规教学任务的外力驱动为教学考核,它是高校落实常规教学任务的政策制度,以及评估、审定教师完成常规教学任务的数量、质量的重要手段。目前,高职院校在常规教学任务考核的实施过程中逐渐形成了以量化考核为主线、质化考核为辅线的考核体系。

例如,某高职院校对教师常规教学任务的考核主要是通过教学工作业绩来考核。从该校的教学工作业绩考核指标体系可以看出,教学工作量和教学效果为衡量教师完成常规教学任务的量化和质化考核指标。首先,教学工作量占据了教学考核总分的30%。该指标主要反映教师年度完成的教学工作量的情况。该校考核办法要求:教师岗位基本教学工作量为360标准课时/年,思政教师岗位基本教学工作量为80标准课时/年,相关学院可视实际情况上下浮动15%。教师岗位教学工作量不足的,每少10课时扣1分;思政教师岗位教学工作量不足的,每少2课时扣1分,教学工作量不足50%的教师考核为E档(最低档)。根据对教师的访谈得知,大部分教师都能完成学校规定的教学工作量,鲜有教师因工作量不达标而扣分,该考核办法对教师完成常规教学任务的数量有一定的正向驱动作用。其次,教学效果的考核占据教学考核总分的50%,由督导评价、管理评价、同行评价、教师自评、学生评教与学生业绩六个维度进行评定。其中督导评价是由校、院二级督导,学校职能部门人员通过听课评课、教学检查等方式对教师的教学工作和教学效果进行评价打分(百分制),评价的内容侧重于教师的教学方法、教风、学风等;管理评价、同行评议、教师自评是管理人员、专业内其他教师以及教师自身对教师教学工作的评价;学生业绩考核是按教师所授课的学生成绩的高低对教师进行考核,各学院可制订细则实施考核。思政教师岗位学生业绩考核由相应学院制订细则并实施考核。质化考核的内容相较于量化考核更具主观性。无论是督导评价、管理评价、同行评价以及学生评价都容易受到教师个人魅力、同事及师生之间情谊等教学能力以外的因素影响。因此,一般情况下教师只要"人缘"较好,都能获得相关的分值,这也与调研中绝大多数教师能够获得较高的教学质量考核分值相一致。

目前,我校对常规教学的考核主要集中在量化上面的考核,如学校对教师一个学期或一个学年的课时量、教师的考勤等都有明确的规定并进行考核。但对教学质量的考核主要集中在督导听课,并没有准确或者统一的标准来衡量教学质量。

(A—G—3)

  我们就谈下思政课程,现在说真的要让学生非常认真来听教材上的东西,还是很难的,所以就出现一种状况是什么?我只要把学生 hold(把握)住就行了,中间我讲一些学生感兴趣的教学内容之外的东西。为什么老师会投学生所好?因为老师教学业绩考核最后是很接近的,就相差零点几分,而学生的教学评价很重要。如果你对学生严了,你这个分数就下来了,你教学业绩就成问题了。所以这里有老师责任心的问题,也有一些制度层面的问题。这些教学问题给人一种大家都知道却又无能为力的感觉,包括教务处也是知道的。(A—M—1)

  因此,压力驱动对教师常规教学任务数量的达标有明显正向驱动作用,但对于教学质量的考核由于缺乏专业、系统的评价标准且易受外界因素的干扰,未能构成正向激励作用。与此同时,常规教学任务在数量上的达标又较易完成,压力驱动并不足以成为教师完成常规教学任务的核心驱动。

(三)良心驱动

  良心驱动是指在不受外力干预的条件下,高职院校教师出于对教师工作行为规范和价值准则的认同,主动调整自身行为以完成常规教学任务。在访谈过程中,受访者均表现出对教师岗位的高度认同感和使命感,也均认为常规教学工作是教师最为核心的本职工作,无论学校是否有严苛的考核标准,上好每一堂课,帮助学生成长依然是每一位教师应该坚持守住的底线。但随着自上而下"项目驱动化"政策的落地推行,高职院校以项目化任务为核心的专业发展正如火如荼地进行,教师的工作重心从常规教学偏移到专项项目建设已成为众多高水平高职院校的普遍现象。这也造成了除正常授课外,教师大部分时间和精力均被专项项目建设所挤占,可自由支配的时间变得非常有限。但即便如此,大多数教师仍然会自发地抽出 40 分钟以上的时间准备第二天的课程以确保一定的教学质量。但随着教师工作重心和工作要求的不断转移,这一驱动方式呈现出的不稳定性正逐渐增强。

  说实话,现在学校的竞赛和专项项目的建设任务都非常重,真正留给常规教学任务的时间并不多。尽管在教学质量上学校并没有非常严苛的标准,但作为老师,大部分的人也和我一样,有一种使命感,要把课上好,对得起听课的学生,对得起自己的良心。(A—G—3)

  我很享受上课给我带来的愉悦感,和学生交流、讨论,帮他们答疑解惑是我工作中最快乐的一件事。现在学校发展的速度越来越快,老师承担的各项任务也很重,真正能分配给常规教学任务的时间真的很少,大家也都想把课上好,但是有时候确实感觉到力不从心。(A—G—4)

  我觉得现在上课就是一个良心活。现在信息化教学手段用多了以后,可以很直观地看到老师和学生互动交流的程度。所以我们将有些课程数据拉出来以后,

有的老师是互动很多的,但也有老师是零互动的。(G—Z—2)

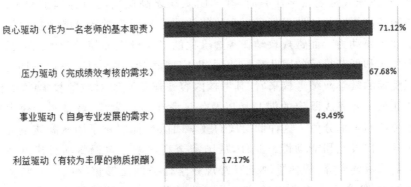

图 3-2　高职院校教师完成常规教学任务的驱动力情况

表 3-1　常规教学任务下不同类型驱动力分析表

驱动类型	调研平均得分	驱动力(现状)	驱动效果	动机类型	动机性质
利益驱动	1.37	低	中等程度	外在	功利性
压力驱动	2.8	高	低等程度	外在	强制性
良心驱动	2.83	不稳定	高等程度	内在	自主性

从实证调研结果来看(图 3-2,表 3-1),在教学团队完成常规教学任务的过程中,外在的利益驱动其功利属性因课酬的低估呈现出中等效果;而内在的成长利益驱动帮助教师通过完成常规教学任务实现个人教学能力的成长具有一定的发展性,对教师驱动力较强;外在的压力驱动强制性使全体教师实现了低层次常规教学任务的目标即教师个人考核的达标;良心驱动则是每一位教师完成常规教学任务的根本动力,这种动力由于其自发产生的价值认同感和社会使命感使其驱动效果较为明显,但由于外界因素的干扰也逐渐呈现出不稳定性。

二、以"无序运行"为特征的运行协调机制

运行协调机制着重考察在组织中承担不同角色的教师之间在完成教学任务时如何进行相互协作。常规教学任务虽是教学团队中最为主要和最具历史性的工作,但从调研走访所收集的资料来看,教学团队的协作运行并不具备高效性,更多呈现的是一种"无序运行"的低能效状态;教学团队整体呈现出较低层次的目标满足感,团队各成员之间也各自为政,鲜有交流,而缺乏协调机制又进一步加剧了教

学团队的"无序运行"。

其一,在完成常规教学任务时,教学团队缺乏高层次的目标远景和价值认同。具备清晰和高层次的团队目标远景和价值认同是构成教学团队高效协作运行的重要基础和主要动力。而常规教学任务边缘化的工作设定促使教学团队内部自然形成了低层次和低获得感的团队目标认同,即完成教学业绩考核,不失分即可。从当前高职院校的教学业绩考核来看,其考核内容普遍聚焦于对教师教学的量化考核,教师往往只需要完成既定的课时量以及保证学生的出勤率,就基本能获得常规教学任务考核的全部分值。这种低层次的教学团队目标弱化了团队高质量完成常规教学任务的积极性和能动性。此外,从国家至高职院校普遍将项目建设视为提升办学质量的重要内容,领导层缺乏对常规教学任务的足够重视(图3-3),使其呈现出的高投入、低产出的表象也致使教学团队对其价值认同感较低。在高职院校项目化倾斜的环境下,无论是专业建设还是教师晋升,常规教学任务的考核都不是核心指标,其达标性的分值设定既不具备决定性的作用,也无法产生与其他专业和教师的差异化效果。此外,教师教学技能和教学质量的提升也不是一蹴而就的,需要长时间的打磨和锻炼,需要耗费教师大量的时间和心血。常规教学投入与产出比低,无法通过常规教学质量的提升加强教师在职称、荣誉等方面的竞争力,迫使教学团队和教师将工作重心向高价值、高产出的项目类工作偏移。

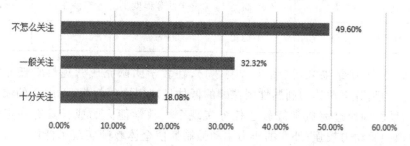

图3-3 高职院校领导对常规教学活动的关注度

做项目、课题、比赛这些都是可以出成果的,而且对评职称也有帮助,可能还有一些项目资助、奖励什么的,相对于上课,大家肯定是更愿意做这些事情。(A—G—3)

因为我们学校从领导的内心来讲是不那么重视常规教学的,他更重视的是重点工作、项目或者教学能力竞赛,真正常规教学工作是放在次要位置的。(F—Z—4)

其二,在完成常规教学任务时,教学团队成员高度"疏离",无法形成团队合作凝聚力。首先,教师作为常规教学任务的执行者,通常以单兵作战的方式完成备课、讲课、教学辅导等常规教学的主要工作,教师之间沟通并不多见(图3-4)。特别是一些中小专业,一名教师通常承担了一门课程所有班级的教学,因此无论是课堂教学、作业批改还是试卷设计等,都是独立完成,教学团队并不会参与其中。而一些大专业,一门学科可能由多位教师共同承担,但教师之间依旧缺乏沟通和交流,造成授课范围和质量存在较大差异,课程的衔接和一致性也难以得到保障。其次,常规教学任务以低频次的团队活动为主要的团队协作方式。常规教学任务中需要教学团队协作的主要工作有教研活动、听评课以及非正式学习等,这些活动的频次相对比较低。以某高职院校的某个专业为例,该专业计划举办相关教研活动的频次通常很低,期间也常常因为学校或学院的其他会议而被迫中断,加之教师的课堂教学以及专业项目建设所安排的时间较为紧密,通常无法在事后补办相关的活动,因此,每个学期只能保证此类活动召开3次。这样低频次的团队协作活动,根本无法增进教学团队成员之间的了解和融合,也无法促进教学团队内部协调的有效形成。

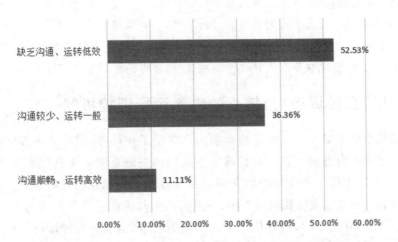

图 3-4　高职院校专业教师团队成员间完成常规教学任务的沟通情况

在专业里就算是同一门课,(教师)基本是各做各的,所以大家上课内容不一致是容易发生的。(A—G—3)

基本一个学期会有 5~6 次的科研活动,但是因为时间经常和学校的会议冲突,加上我们的课也比较多,活动比较难补办,所以一个学期只能保证有 3 次。(A—G—4)

其三,在完成常规教学任务时,教学团队缺乏有效的协调机制。长期以来,高职院校的教师工作方式一直处于孤立、封闭的状态,教师之间彼此保守、互相隔离、互相防范,即使出了问题,也鲜有交流更谈不上合作。在教学团队中至今也没有建立有效的协作机制,消融教师之间的合作阻滞,促使教师相互合作共同高质量、高标准地完成常规教学任务。以某所高职院校为例,学校通过对教研活动的考评来促进教师的合作交流,在互讲互评的基础上,取长补短,提升教师的教学质量。但在实践过程中,因缺乏有效协调机制加以规范和引导,多数教师依然抱着应付、交差的态度完成,不但没有提升教师的教学能力,也没能改善教师之间的协作氛围。在这期间,有些专业甚至在1~2次的集体备课后形成了文字版的备课记录,并将这些备课记录传给后来的教师,让他们照葫芦画瓢以此来减少团队活动的频次。

真正实施层面是不存在运行协作的,都是怎么样做的呢?专业主任把课排下去以后,老师自己去上,而且都是排到个人。我们的原则就是常规教育不出错,你不要被抓到教学事故,不出错就行了,该带的东西带齐,真正上课上得好坏是没有人来管你的。(F—Z—2)

其实,就是按正常道理来讲,我们应该通过教研活动来一起备课或者讨论,按照常规应该是这样的,但是依我们现在真正的情况来看,感觉备课都变成老师个人的事情了,新老师过来以后是会有老教师进行指导的,但是像整个教研团队或者是课程组一起来备课还是比较少。现在我觉得这种教研氛围其实是比较需要的,尤其是对青年老师帮助很大,但现在没有这种硬性要求以后,做得还是不够。(F—Z—3)

三、以"自我调控"为核心的内部运行调控机制

常规教学任务是基于高职院校专业而产生的工作任务,因此其内部运行调控主要取决于专业内部的调控。而目前专业运行的关键要素是专业带头人,他是专业的"掌舵人",掌握了专业发展的方向以及专业内部资源和权力的配置。然而在专业常规教学任务的实际执行过程中,专业带头人却面临着较为被动的状态,成员配合度中等偏弱(图3-5),整体依然呈现出较为松散的状态,内部运行调控往往是通过专业自身的"自我调控"进行的,其原因主要归结为以下几个方面。

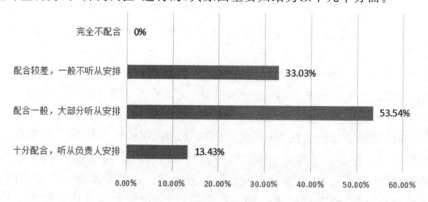

图3-5 高职院校专业教学团队成员与专业带头人的配合情况

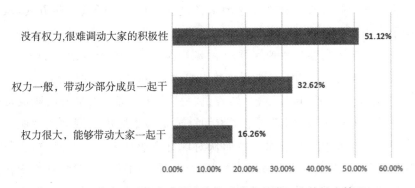

图 3-6　高职院校专业带头人完成常规教学工作的权力情况

其一,专业带头人无"权"干预。专业带头人作为教学团队中常规教学任务的主要负责人,担负着团队常规教学任务有序推进和优质发展的重要使命。然而在实践过程中,很多专业带头人虽是落实和保障常规教学工作顺利完成的领头人和执行者,却始终没有实质的权力对常规教学任务进行推动和干预(图3-6)。从权力架构上来看,高职院校的权力释放从上至下整体呈现出一种倒金字塔的形态,而处于层级末端的专业带头人所面临的无权可依的尴尬局面依然是执行常规教学任务时的常态。根据调研资料和访谈可知,大多高职院校无论是在校级还是院级层面,均没有出台相关的制度和条例赋予专业带头人与之相匹配的权力,致使专业带头人可能处于一种权力和责任明显失衡的状态,无法发挥主观能动性对常规教学任务进行深层次的管理和把控。以某所高职院校为例,专业带头人在常规教学任务下所拥有的权力非常有限,甚至在较易体现专业带头人权力价值和对教师产生直接影响的绩效考核中,专业带头人的评价分值仅为 4 分,占整体教学业绩考核的 4%。换言之,即便教师教学质量没有达到专业的教学标准,专业带头人也只能通过这仅有的 4 分对其进行考核,而这并不具备惩戒作用。因此,鉴于目前权责分离的管理构架,专业带头人在常规教学任务的下压和释放过程中,始终缺乏着力点,常规教学工作长期处于低效和低质的运行中。从权力内容来看,专业带头人在常规教学工作下被赋予的权力范畴均以形式层次的教学管理为主,如对课程或教研活动的安排和规划以及团队内的教师课程与课时的安排等。这种形式层次的权力管控能一定程度保障常规教学任务在基层教学团队中以较低能耗的方式运行,但却无法承载对常规教学任务中核心要素(如教学质量、教学方向等)的把控。在调研中,专业带头人普遍表示自身拥有的权力无法改变或者调整专业团队常规教学任务的运作和执行现状,他们并不具备相应的权力去制定提升教学质量的激励措施,抑或是对教学效果差、教学技能不达标的教师予以一定的处罚等。形式层次的权力内容也迫使专业带头人默许教学团队常规教学任务的低效运转方式，从而进一步加剧了常规教学任务在专业任务中的边缘化。

> 专业带头人在常规教学中的主要工作就是排课和组织教研活动，教学质量上专业带头人也很难控制。因为没有明确的规定你就很难展开去做。（E—Z—1）

其二，专业带头人无"利"干预。如若说"权"是专业带头人鞭策团队成员完成常规教学任务的外在压力，"利"则是诱发团队成员最大限度地调动主观能动性高效完成常规教学任务的力量源泉。然而从对现有专业带头人的调研访谈可得知，对于常规教学任务，专业带头人基本无"利"可用，导致团队成员对常规教学任务的整体认知长期停留在无额外的利可图的范畴。常规教学任务下，专业带头人能加以利用的"利"主要涵盖两个方面：一是金钱范畴的物质奖励，主要以课时费、奖金等形式发放于成员。就课时费而言，只要教师在完成常规教学任务时没有出现重大失误即可按照规定获得相应的课时费。而单次课时费的多寡与教学质量好坏并无必然联系，主要还是与教师职称挂钩。专业带头人也并不具备相应的权力依据教学质量好坏对教学团队成员的课时费进行调整，比如给予教学能力或教学质量更佳的教师更高的课时费。此外，无论是学校抑或是二级院系也未曾赋予专业带头人设立相关奖金或者奖励的权力以鼓励在常规教学任务中表现出色的教师。因此，单从物质利益的层面，专业带头人能以"利"把控常规教学任务的可能性几乎为零。二是以迁升为主的非物质奖励，如评优、岗位晋升、职称晋升等。从目前的调研、走访来看，教师的评优、职务、职称的晋升主要凭借教师自身科研、项目、竞赛等工作的完成情况。教学质量的好坏基本不纳入教师评优评奖和晋升考核指标的范畴，因此专业带头人也无法从岗位晋升的角度形成相关利益驱动以促进教师高质量地完成常规教学任务。

> 我没有权力给上课上得好的老师多发点钱或者提拔他到什么位置，所以对老师来说没有奔头，谁还愿意花精力去好好教学。（A—G—4）

其三，专业带头人无"力"干预。专业带头人作为高职院校组织架构中层级末端的管理人员，在高职院校的运作和发展中，扮演了多种角色，承担了多重职责。在专业教学团队中，他们既是专业改革的建设者，又是常规教学任务的执行者，也是教师发展的推动者。多重身份和职责的叠加，迫使专业带头人长期处于高饱和、高负荷的工作状态。因此在精力和资源有限的前提下，为了使专业的利益和上升空间最大化，专业带头人在专业发展过程中不得不将精力和重心自发地向那些学校支持力度大、教师上升空间较好的项目上靠拢。而常规教学任务虽然是专业内的主要工作，但无论从教学业绩考核还是职称晋升上都不是关键指标，无法从该类工作的考核上拉开与其他专业或教师的差距。因此,常规教学任务逐渐走出了专业带头人核心工作的范围,专业带头人带领团队更多地聚焦那些高产出、高回报的专项项目建设。常规教学任务逐渐被专业带头人定位成只要保证应有的课时量和学生的出勤率,不要在考核中扣分即可。同时,无论是专业带头人还是教师都逐渐达成了常规教学任务是高付出、低回报的共识,常规教学任务获得的关注度和认可度进一步降低,其地位也逐渐边缘化。

所有的事情领导都会要求专业主任参与,导致你根本不可能有空去听课,我一天到晚做PPT跟写材料都来不及,还让我去听课?听课的40分钟、80分钟我可以写好两段话了,也可以做好两页PPT了,我连晚上都在做PPT,白天怎么可能有空。我们上次开会,要求专业主任要牵头去搞课程开发,就是自己去做课程建设,然后竞赛还要求你参与。我其实还好一点,因为竞赛我一般都不管的,领导也不会让我管竞赛,他知道我对竞赛不感兴趣。有些专业主任,比如会计专业的,他还要自己带竞赛,有技能竞赛,还有教学竞赛。去年我也参加了教学竞赛,这些都要求专业主任主动参加,这些都是攻坚克难的任务。然后除了这个教学竞赛,还有学工口的双创比赛,现在也希望专业里面要积极配合,领导会说专业主任首先要带头配合,以上这些还都不是常规性的工作。(E—Z—2)

所以现在就形成我好好上课对我评职称、提拔没帮助,我就是削尖脑袋要把我的精力用到项目上。(A—M—1)

四、以"形式管理"为特征的外部运行调控机制

外部运行调控着重考察团队外部相关主体是如何通过制度设计、权力施加、文化建构等多方面举措来影响专业教学团队的整体运行,从而达成专业教学团队的既定目标的。然而在实践过程中,院校层面给予了一定的支持(图3-7)和措施(图3-8),但外部运行调控形式化管理的特征并没有帮助专业教学团队达成预期效果。

其一,教学团队教学业绩考核脱离教师一线教学。专业教学团队的教学业绩考核是教学团队完成常规教学任务的目标和方向,对教学团队整体工作规划和安排具有极其重要的指导作用。但随着高职院校向纵深发展,专业所承接的任务范围逐渐扩大,这也促使教学团队的教学业绩考核的内容进行了相应的扩容。根据调研和访谈的结果,目前教学团队教学业绩考核内容上呈现多元化特点,使其逐渐脱离了对教师的一线教学考核的初衷。例如,某高职院校所制定的二级学院教学业绩考核的内容主要有教学运行管理、内部质量诊断与改进以及教

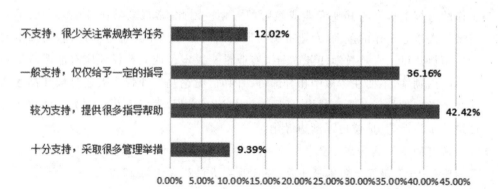

图 3-7　高职院校对教学团队完成常规教学任务的支持力度

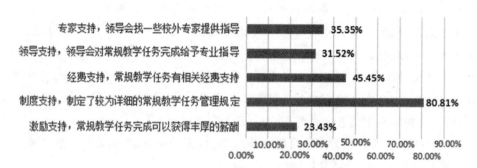

图 3-8　高职院校支持常规教学任务的举措

学质量三个方面,而这三个指标中除了教学质量,其他均涵盖了不属于教师一线教学的内容(表 3-2)。首先从教学运行管理来看,其考核指标主要为教学常规运行、实训基地建设、教研活动和教改课题结题四个方面。从其考核评定标准来看与一线教学相关的内容为对教学常规运行的考核、对教学差错及事故等的考核和承办教研活动等三个方面,其余无论是考务组织还是实训基地运行管理综合考察建设等均不属于一线教学的范畴。其次,考核指标内部质量诊断与改进则侧重于诊断平台的更新与维护,也不隶属于一线教学。因此某高职院校对教师一线教学的考核指标仅占全部教学考核的一半,极大地削弱了其对教师一线教学考核的督导和监测作用。而这样的指挥棒传递给专业教学团队的信号是进一步放大了一线教学任务已不再是常规教学的首要任务,教学团队的工作重心也因此极易发生偏移。

表3-2 某高职院校二级学院教学业绩考核指标体系

观测点	分值	学院指标	考核评定标准	评价方法	责任部门
教学运行管理	2	教学常规运行、实训基地建设、教研活动和教改课题结题	针对教学常规运行、考务组织、教学资料、成绩管理、学籍异动规范等进行考核，违规按不同性质扣0.01~0.1分/项次；构成教学差错、一般教学事故和严重教学事故的分别按0.3分/次、0.5分/次和1分/次扣分。实训基地运行管理综合考察建设项目经费执行、采购项目的设备使用、实训教学管理、实训室安全卫生管理、耗材使用管理情况等，按照未完成或明显问题点酌情每单项（次）扣0.05分。发生较大事故的该项目记零分。未承办校级教研活动扣0.1分，省级教改课题未按时结题扣0.1分/项	扣分法	教务处
内部质量诊断与改进	1.5	及时更新诊改平台相关信息、核准数据，教师、课程两方面诊改覆盖率100%，完成教师、课程诊改报告各1份	①覆盖率0.5分，不足的按比例扣分。②报告质量1分，组织专家从报告的完整性、数据准确性、诊断结果合规性、改进措施有效性等方面对诊改工作完成情况与效果评价赋分	扣分法测评法	督导处
教学质量	1.5	学生到课率、教师教学状态、教学运行与督导	①学生到课率0.3分，按学生实时到课比例赋分。②教师教学状态0.5分，每发现一人次违反教学常规现象扣0.1分，扣完为止。③新教师教学专项检查0.5分，按新教师教学反馈材料完成情况及质量评价赋分。④聘请专职督导0.2分，学期未聘请的扣0.1分	测评法扣分法	督导处

41

其二，高职院校对常规教学质量监测仍停留在形式层面（图3-9）。从层层细化的常规教学的考核文件来看，无论是学校还是二级学院始终把常规教学质量监测的重点集中在量化考核上，如教师的课时、教学事故的次数等。二级学院会依据学校颁布的考核指标，将各监测点的内容进一步细化后下达给专业，并以此作为常规教学质量监测的评定标准，从而对教学团队的常规教学任务进行管理。例如，某高职院校二级学院根据自身的实际情况对常规教学质量监测标准进行了细化。以教学工作量为例，学校规定的教师的一般课时量为360课时，某二级学院结合教师的教学能力和教学经验将其细化为"教师岗位，中级及以上职称400标准课时/年，初级职称320标准课时/年"。而对教学质量的考核虽然建立了多元参与的评价体系，但在教学质量考核的维度上依然存在一定的缺陷。督导评价虽然在众多评价体系中是最为专业的，但其评价的重心倾向于教学、教法；学生评价侧重于学生的主观感受且无法从专业角度对课堂质量进行评价。而常规教学任务中最为核心的考核重点是对教师授课内容的专业质量进行评估，这需要借助专业的力量通过专业带头人、骨干教师以及行业内的专业人士等进行分析和评价，客观、科学地剖析教师授课过程中的发光点和薄弱点，使教师的教学能力能够切实提升，真正实现高质量的发展。

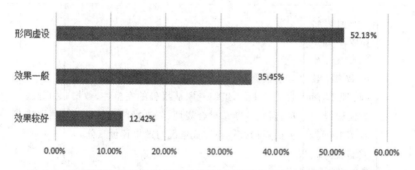

图3-9　高职院校常规教学质量监测制度引导教师投入课堂教学的情况

其三，"教考合一"制度无法科学测评教学效果。"教考合一"制度依然是时下高职院校测评教学效果的主要方法之一。其本质是将常规教学任务按科目进行分块，教师以"责任承包"制的方式承担从常规教学任务到科目考试的所有工作。"教考合一"制度以易于掌控、适用面广、灵活调整等优势为处于高职教育发展初期的教学效果测评的多元探索起到了推进作用。借助"教考合一"制度，教师可以根据自己所教授的内容对学生进行考核，有利于其全面、直接地了解学生对教学内容的掌握程度，更好地调整和把控教学的进度和方向。伴随着高职教育的不断发展，"教考合一"制度对教学质量的要求也与日俱增，暴露出的问题也愈发明显。在调研走访的过程中，不难发现教师作为常规教学任务的执行者以及自身教学成果的验收者,不可避免地在教学、出卷以及评分过程中出现主观性和随意性,从而无法科学、合理地测评教学效果。首先,"教考合一"制度下,考试作为教学效果测评的功能趋于弱化。教学成果作为高职院校考核教师教学情况的重要指标,在一定程度上牵制和影响了教师出卷的客观性和公正性。某高职院校通过学生的及格率来测评教师的教学效果,当学生的不及格率大于5％时,教师的考核结果就会受到影响。"教考合一"制度设立的初衷是希望以此推动提高教师的教学质量,但在实际执行过程中,教师通常根据学生掌握知识和技能的实际情况,以试卷的难易程度为杠杆有效地调整学生的及格率,从而避免教学业绩考核不达标的情况,使考试的监测功能最终与设置初衷相背离。考试的功能不再以反映教学效果为最终指向,其作为测评教学效果的功能也逐渐退化。其次,"教考合一"制度下,人才培养质量的差异性正逐渐增大。在"教考合一"的大环境下,教师自主出卷使得教学和考试内容标准的一致性变得难以把握,人才培养的质量差异就会逐渐增大。在调研、走访过程中,受访教师均表示教师对同一科目的教学,在教学和考试内容的设置上会更倾向于自己所擅长的领域。而教师之间擅长的科目内容又不尽相同,在考试内容没有统一标准的前提下,就极易产生人才培养质量差异性较大的情况。

因为有考核,所以如果学生的学习态度和能力比较差,掌握知识与技能的情况不是很好的话,教师会降低试卷的难度。不管怎么说,辛辛苦苦一个学期最后因为学生的考试成绩不理想而扣分,老师肯定也是不想的。(B—G—1)

老师考试的内容肯定是自己教学时比较擅长的,那最终教学质量就会有区别。特别是同一门课如果这届学生是一个老师,下届学生是另一个老师,那差异性比较大的情况还是时常会有的。(A—G—4)

小结

常规教学任务是高职院校专业教学团队所承担的最为核心的职责,是高职院校人才培养质量提升的重要基础。对高职院校专业教学团队在完成常规教学任务时的运行情况进行考察后发现,高职院校专业教学团队的运行过程整体呈现松散式运行状态。从高职院校专业教学团队的运行驱动力来看,教师完成常规教学任务的主要驱动力来自良心感、道德感,教师在完成常规教学任务时缺乏足够的内在压力,且学校也并未对常规教学任务的高质量完成提供足够的利益激励机制。从高职院校专业教学团队的运行协调机制来看,高职院校教师之间围绕常规教学任务缺少足够的沟通交流,团队成员之间的合作状态呈现出疏离状态,沟通渠道缺乏,整体运转成效偏低。从高职院校专业教学团队的内部运行调控机制来看,高职院校专业带头人缺乏足够的责权利去干预常规教学的运行,也缺乏足够的利益驱动力。尽管专业带头人承担着教学质量检查与保障的职责,但却并没有较好地履行该职责。从高职院校专业教学团队的外部运行调控机制来看,高职院校对专业教学团队完成常规教学任务的督导考核仅关注形式层面的考核,对实际教学效果的监测不够,而且"教考合一"制度无法真正通过对学生职业能力发展的测评来评价教师的课堂教学质量。这也导致教师普遍缺乏足够的主动性和积极性去提升教学质量。

第四章 单核松散式运行：专业建设任务下高职院校专业教学团队运行现状

除了常规教学任务、项目化任务外，专业教学团队还承担着完成专业建设任务的职责，随着高职教育发展模式从外延扩张向内涵提升的转变，专业建设逐渐成为内涵提升的关键抓手。一般而言，专业建设任务包含了专业发展环境调研与研判、专业课程体系规划与设计、专业学习资源开发与整合、专业教学质量诊断与保障、专业教学团队的打造与凝聚、专业教学任务组织与实施等。专业建设是一项体系化工程，系统而复杂，必须依靠教学团队成员的相互配合与协作才能高质量完成。然而，通过对被调查个案院校不同专业教学团队完成专业建设任务时的运行状态考察，专业教学团队运行呈现出了较为鲜明的"单核松散式"运行模式，"单核"特指以专业负责人为核心，"松散"是指专业教学团队在完成专业建设任务过程中团队成员参与积极性不高，团队成员之间缺乏深度的互助合作，合作交流处于浅表层次，专业负责人无法按照自身对专业建设的规划去调动团队成员参与专业建设的主动性与积极性，如图 4-1 所示。

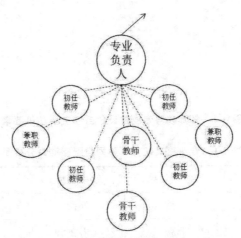

图 4-1 专业建设任务下专业教学团队"单核松散式"运行示意图

一、以"压力驱动"为核心的运行动力机制

从专业教学团队完成专业建设任务时的动力机制来看，来自上级领导的科层

压力是推动专业建设的主要驱动力。聚焦专业建设,学校出台了较为细致的考核指标,通过目标责任制考核、专项考核、专业预警、建设业绩汇报等多种途径对专业建设进行质量动态监测,从而形成一种常态化的压力驱动机制,学校职能部门将相关任务通过科层链条的传递直达专业层级,"专业"成为整个科层链条的最末端。随着团队发展,在完成专业建设任务过程中团队运行动力机制不再仅由单一驱动力组成。经过访谈梳理发现大致有三个方面:压力驱动、事业驱动、利益驱动(图4-2,表4-1)。其中压力驱动主要来自上级科层的考核压力,属于外在驱动力,具有一定的强制性,驱动强度高但驱动效果不明显。专业教学团队作为高职院校中科层链条的底层,多方压力最终都会下压至团队,压力推动也成为团队运行的主要动力,并且这一动力贯穿于团队运行发展的始终。事业驱动则主要来源于各类教师自身,属于内在驱动力,具有一定的发展性,驱动强度因人因时而异,驱动效果较为明显。大多数教师在加入团队之初对于自身事业发展都具有一定的期待,能激励自身参与更多的专业建设任务,以期能在这一过程中实现自身能力和事业的共同发展。利益驱动则是在团队运行过程中通过给予一定的物质、荣誉或职位晋升等方面的奖励,激励团队成员更为主动地参与到团队工作中来,属于外在驱动力,具有一定的功利性,驱动强度低,驱动效果一般。

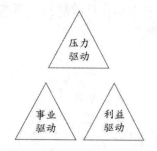

图 4-2 教师参与专业建设任务的主要动机要素

表 4-1 专业建设任务下不同类型驱动力分析表

驱动类型	驱动强度(现状)	驱动效果	动机类型	动机性质
压力驱动	高	低	外在	强制性
事业驱动	不确定	高	内在	发展性
利益驱动	低	一般	外在	功利性

首先是压力驱动,压力驱动是高职院校专业教学团队开展专业建设任务的核心动力,贯穿于运行进程的始终。对高等职业教育而言,其根本任务是培养生产、建设、管理、服务领域的应用型人才,因此,高职教育的人才培养工作、社会服务工

作都必须以专业为基础、为基点、为单位,甚至是唯一的单位。也就是说,专业是高职院校最基本的微观单位(微观基础),是高职教育存在、生存和发展的基石,具有决定性意义。专业建设是高职院校内涵发展的重要内容与核心任务。因此,不同院校围绕专业建设这一根本性任务出台了各式各样的规章制度:一方面是对学校的专业建设作出方向性的指引、指导;另一方面则是通过相应考核制度对学校专业建设提出一定的考核指标,给予充分的建设压力,推动学校专业建设任务的开展。当前高职院校中的驱动压力往往是通过科层式的行政架构体系逐层下达,直至传递到专业建设的底层组织——专业教学团队,最终大多数的建设压力都积压在专业教学团队身上。

搞专业建设是一个系统工程,专业相当于我们学校最基层的架构,里边牵涉的面实际上是非常广的,学生工作是要管的,包括招生、教学和就业,培养过程涉及方方面面。所有的事情,从社会实践到职称评审,从校企合作处的、督导处的、学工处的、人事处的,包括招生就业处的事,最后都是到专业里边去落实。(A—M—1)

来自各方面的压力都会扑过来,各种事情都会落到专业建设上。校级层面的、院级层面的、外面行业的都会落到这个点上,包括学生方面也是在这个点上,这个点在整个系统上就是绕不开的一个点,所以对于基层来说,它既是支撑点,又是着力点。反正这个点你是绕不开的。(E—Z—5)

而且这样的压力无休无止,随着岗位技能需求、学校发展需求、专业发展需求的不断变化,专业建设任务可以说是一项无止境的任务,在不同阶段会有不同的建设压力推动着教学团队去完成对应的专业建设任务。作为学校建设体系中的底层组织,专业教学团队无法像上层组织一般将压力下移。同时因为各专业之间的联系不够紧密,较少能通过横向合作的方式分担建设压力。压力驱动也就成了当前专业教学团队承担专业建设任务不可避免的核心驱动力。

我觉得专业教学团队的很多工作和我们的组织架构有关系。2007年组织架构变动之后,撤销系变成专业管理,导致专业层面事务性工作大幅度增加,撤系以后,系里边那些人都离开了,系的职责归口给了三个办公室和一个部门,这些组织就变成了发放收集材料和信息的地方,最终很多需要做的事还是落脚到专业。(E—Z—6)

其次是事业驱动,对于专业教学团队中的各级教师而言,在加入专业教学团队之初都是满怀抱负,希望能通过付出自己的一份努力将自己所在专业推向更高的高度,对于专业的未来发展充满着期许。在这一阶段各级教师参加专业建设任务的主要驱动力来自自身对一份事业的追求。对于团队中的各级教师而言,参与专业建设任务不再仅仅是一份工作,同时也是一份事业。除了追求推动专业整体发展的目标之外,教师对于自身发展的追求也是推动其参加专业建设任务的重要因素，两者之间存在着相互促进的关系。各级教师作为组成专业的一分子，专业建设与个人发展往往是相辅相成的关系：一方面专业建设需要每位教师的努力付出；另一方面每位教师的个人发展也需要有一个好的专业平台支撑。专业作为一个整体，各级教师作为这个整体中的一个个独立的组成部分，与专业一荣俱荣、一损俱损，因此参与专业建设任务，推动专业发展，不仅仅是单方面付出的工作，也是为了能更好地实现自我发展的一份事业。各级教师参与建设的过程也是自身逐渐积累资历、获取经验的一个过程，是教师为了将来能在专业中有所发展的必然要求，其中有一位教师如此说道："那还是得从教师的个人发展来看，说句实在话，普通的老师当了5年、10年以后，可能就想去当个课程组长，或者当个专业主任。当专业主任，肯定要先明白这些活对不对？首先得参与，才能知道这些活是什么。如果说为了以后职业发展，你就一定要有这些东西来打底的，你想专业发展如果没有这些东西，你的专业就发展不上去。"（A—Z—2）

教师对事业追求的热情往往会随着时间流逝，逐渐被现实的工作压力所消耗。长期尝试推动专业发展突破无果之后的挫败感，以及为了完成其他工作（例如教学工作、项目申报工作等）被占据大量时间的无力感等都导致了许多专业教师对于自身最开始的事业追求逐渐地淡忘乃至放弃。故大多情况下事业驱动对教师的推动作用并不持久，会随着各类因素的影响而逐渐衰减。也有小部分教师会长期为事业追求所驱动，根据调查结果显示，这类教师占比较小。

最后是利益驱动，对于团队中的大多数教师而言，参加专业建设活动自身所能获得利益较为有限，因此利益驱动对团队整体的驱动作用在各个发展阶段都不甚显著。对于团队中的部分个体而言，利益驱动对其所产生的推动力并不是长期不变的，是随着自身不同的发展阶段而变化的。如对于团队中尚未评上高级职称的专业负责人而言，从事专业负责人工作对于职称评定具有一定优势，"副高以下就可以当专业主任，一般来说，当上专业主任评职称也很快。"（A—Z—3）所以为了能够在职称晋升上获得优势，其在专业建设上会具有一定的积极性、主动性，尤其是在参与一些对于职称晋升有显著帮助的相关项目申报上，其积极性较高，但如果是和职称晋升无关的事项，则可能表现为推诿塞责。

如果专业负责人在一个较长的时期内没有评上职称，极有可能会将原因归结于专业建设任务繁忙，没有时间积攒足够的职称晋升的成果，在这种心态影响下，专业负责人会辞去专业负责人职务或者将工作重心转移到职称晋升上，而不再积极关注专业建设质量的提升。

比如说我以前在系里边的时候，我也能参编"十二五"的规划教材，这些事情我都能做，自己评职称需要累积的那些东西我也都能获得，但是现在我当副教授已经十年了，我现在已经无法再累积我需要的了，也几乎没有精力、没有时间去做这些

事情,所以我真的做得有点疲了。(G—Z—1)

就我自己而言,很不好的一点就是职称上面,很普通的老师都已经评上了,但是我兢兢业业地在这个岗位上工作,并没有得到很多回报,所以这一点对于我来说挺打击我的,因为我自己肯定也想变好,但真的有心无力。(A—Z—6)

那些已经评上职称的专业带头人,由于专业建设任务繁杂且压力较大,普遍都希望能够早日脱离该岗位,所以在多所高职院校都出现了"一旦评上职称就不做专业带头人"的现象。

说实话,教研室主任这个活不是大家都愿意干的,我们就有教研室主任评上职称后就不干了的,也有的没做多久就不干了,说啥都不干了。(A—Z—4)

现在教师最关心的就是职称。我们学校有教师三十五六岁就评上高级职称了,最有经验的一群人评上职称之后就没有动力了。就像专业带头人的工作一样,我们学校现在是没有专职专业带头人的,有很大一部分职责是教研室主任在做。总的来说,就是在这种体制下不知道怎么去带动、引领教师去做工作。(G—Z—2)

通过调查发现,大部分院校对于教师参加专业建设任务的奖励都处于较低水平,哪怕是与专业发展最为息息相关的专业带头人,也很难从参加专业建设任务的过程中获得足够的利益回报以推动自身长期自愿承担相关任务。问卷调查反馈数据也在一定程度上印证了这一点。如图4-3所示,认为参与专业建设任务的主要驱动力是利益驱动的教师占比最低,仅为35.35%。而且大部分教师参与专业建设任务所能获得的物质奖励、荣誉奖励长期稳定在较低水平,随着教师自身发展水平的提高对这些利益的价值判断会逐渐降低,这些利益所能产生的推动力也就随之降低。

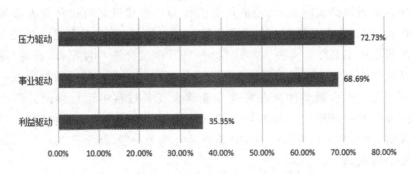

图 4-3 教师参与专业建设任务的主要驱动力

总而言之,在开展专业建设任务过程中除了有压力驱动之外,教师自身的事业驱动、利益驱动也对团队中的每位成员,抑或是团队整体都起到了一定的推动作用。但也正如前文所分析的那样,各类驱动力在各个阶段并非一成不变,如图4-4

所示。事业驱动力在最初阶段起始水平较高,逐渐因为种种现实因素对事业的追求动力不断减弱;利益驱动力则是一直处于较低水平。同时,教师除了需要承担专业建设任务,还需要开展社会服务、教学科研、项目申报等许多工作,而完成其他工作所获得的利益回报远远高于专业建设任务,也就进一步降低了利益驱动对教师参与专业建设任务的影响。压力驱动则是一直处于较高水平,而且随着运行发展的不断推进,此消彼长,在软性驱动力大多失效的情况下,硬性压力驱动也就成了推动团队承担专业建设任务的主要驱动力。

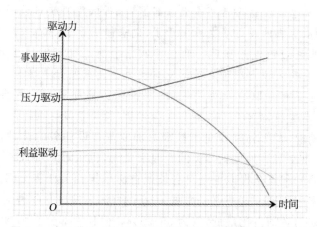

图 4-4　专业带头人在生涯发展不同阶段的驱动力变化趋势

二、以"松散运行"为特征的运行协调机制

从团队运行协调机制来看,专业负责人作为专业建设的直接负责人必须肩负相应的职责,而团队成员缺乏参与专业建设的积极性,这就造成在完成相关专业建设任务的过程中都是专业负责人"单打独斗",其他教师选择性配合,或者"冷眼旁观",团队成员之间无法形成紧密的合作互动机制。问卷调查所得数据也在一定程度上印证了当前专业教学团队在完成专业建设任务过程中运行协调并不十分顺畅。如图 4-5 所示,仅有 33.33% 接受调查的教师认为团队运行协调顺畅,整体运转较为高效,超过六成的教师认为团队整体运行较为一般,甚至有 3.03% 的教师认为运转较为低效。

而且大家已经习以为常,包括每个学院领导也是一样,他们都觉得你作为专业主任是要把专业的所有事情全部干掉的。因为你是专业带头人啊,作为专业主任要处理所有东西,你必须得去参与,必须要去做。这话听起来是没错的,但专业主任不是全能的。(F—Z—1)

团队在完成专业建设任务的具体运行过程中主要体现出以下几方面特点。

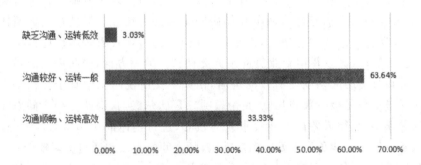

图 4-5　团队在完成专业建设任务运行过程中的协作紧密程度

首先，团队成员之间缺乏统一的共同期望与愿景。在完成专业建设任务过程中，团队成员之间很难形成较为统一的团队愿景。拥有一致的团队愿景是一支团队协同完成任务的基础。在完成专业建设任务过程中，团队中各成员对于专业建设的期盼愿景存在着较大差异。部分成员对于专业建设的前景有较高的期盼，希望能将专业推向更高的层次水平，但部分成员对于专业整体未来的建设并没有清晰的认知，也并不关心这一问题，认为这一问题与自身联系并不密切，应该由负责人或院校领导来考虑，对于专业未来的建设前景也并没有较高的期盼。成员之间对专业建设的未来愿景的不一致性导致团队成员参与建设任务的主动性、积极性差异较大。这也就导致专业建设任务大多是由团队中固定的几位成员完成。

其次，团队成员之间缺乏一致的利益获得和诉求。在访谈中多次有访谈者提及团队整体有共同的利益诉求是推动团队持续保持合作的重要因素。例如，在完成项目化任务过程中小团队中的成员有着较为一致的利益诉求，保证团队在一定时期内的紧密合作。但是在完成专业建设任务过程中则恰恰相反，一方面，完成专业建设任务对于团队中不同成员而言，所能获得的利益有一定差异，例如专业负责人、年轻教师在共同完成专业建设任务过程中所能收获的利益显然是不同的。另一方面，团队中各级各类教师因为相互之间职称、岗位等方面的差异，个人实际利益诉求也存在着较大的差异。就专业负责人而言，承担专业建设任务是为了能获得职称、岗位晋升等方面的利益，而对于许多资历较老、职称较高的骨干教师而言，这方面的利益诉求相对较低。这两方面的差异导致大多数情况下团队成员之间的利益诉求与获得很难保持一致，也就使得成员之间维持长期的稳定合作较为艰难。

再次，团队成员之间缺乏有效的互助协调与沟通。专业教学团队的建设预期是在专业负责人的带领下团队中的成员各司其职，发挥自身特长，取长补短，通过互相协作的形式承担各类任务，其中也包括承担专业建设任务。但在调查过程中发现许多团队中成员之间缺乏有效的互助协调与沟通。一方面，一个理想化的专业教学团队应该是由专业负责人、骨干教师、青年教师、兼职教师等各级各类教师组成,在专业负责人的整体协调下互相协同完成各类任务。但是在实际组团过程中,许多团队成员组成较为单一,或是缺少应有成分,导致团队运行过程中存在缺环,而这些缺环又大多得由专业负责人负责补齐。另一方面,团队中的成员之间承担专业建设任务时大多缺乏有效的沟通,正如上文所说团队中真正会长期参与专业建设任务的只是极少数的几位,其余教师只是偶尔参与,因此互相之间对于任务的沟通并不多,往往需要以专业负责人为核心,进行整体的协调指派,参与任务的教师大多只能从专业负责人处收到反馈,教师之间的有效沟通与协调较少。

最后,团队成员之间缺乏一致的压力感受与体会。如上文所述,专业教学团队成员参与专业建设任务最为核心的驱动力即是压力驱动,来自院校上层、层层下压的各类任务最终都汇集于专业教学团队,随之而来的建设压力也层层下压落于专业教学团队,整个教学团队承担了极大的专业建设压力,但团队中的个体之间对这些压力的感受与体会却存在着一定的差异性。其中最为显著的即是专业负责人与其他团队成员之间的差异。大多高职院校实行的科层管理模式试图通过单向指挥链条、权力层级节制、分级授权实现资源整合达成院校组织目标,专业带头人成为高职院校实现组织目标的关键位置节点,各个层级的改革创新任务都向这一点聚集,随之而来的各种任务压力也汇聚于这一点。同时因为专业负责人不具有相关的约束团队成员的权力,这些压力在汇集到专业负责人这一层面之后即无法向下分流,团队中其他成员对于这些压力一般也就没有较为明显的感受。而且对于普通成员而言,自身的个人发展与专业建设任务之间的关联度也较小,不存在因为个人发展而需要承受较多的专业建设压力。种种原因致使团队成员之间对于任务建设压力的感受与体会存在着较为显著的差异。

总而言之,团队成员之间在参与专业建设活动的过程中缺乏足够的团队凝聚力,向心力不足,不同的成员参与任务的积极性存在显著的差异。团队在完成任务过程中分散运行,唯有专业负责人因职责所在避无可避,独自前行,偶尔身边会有个别教师愿意伴随,但并不持久。整体呈现专业负责人为核心独立承担主要任务,团队教师松散环绕协助的状态。

三、以"魅力影响"为主导的内部运行调控机制

从专业教学团队运行的内部调控机制来看,专业负责人作为专业教学团队运行的调控者本应该积极协调团队中不同教师之间的协作互动,但在实际运行过程中,专业负责人由于缺乏足够的人、财、物资源,通常只能依靠自身的人格魅力来对团队成员施加影响,无法有效掌控专业教学团队在完成专业建设任务时的工作节奏,无法说服和鼓动团队其他成员按照自己的意愿去推动专业建设。问卷调查反

馈数据也在一定程度上印证了这一点。如图4-6所示,有27.27%接受调查的教师认为在完成专业建设任务过程中会十分配合专业负责人的安排,而有67.68%的教师反馈一般不会主动配合,但会听从安排,还有5.05%的教师反馈几乎不会主动配合,也一般不会听从专业负责人的指派安排。从调查所得数据可以看出,超过七成的教师并不会主动配合专业负责人开展专业建设任务,甚至有部分教师连被动地指派也不愿意听从。

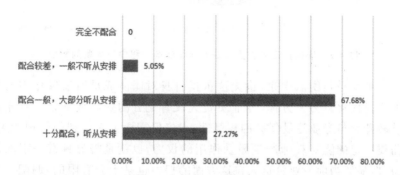

图4-6 完成专业建设任务时,教师与专业负责人的配合度

当前大多数高职院校主要以科层式的管理体制(即科层制)为主,许多院校实行学校—学院—系(部)—专业四层次的直线管理体制,虽然部分院校撤销了系(部)一级,但是专业层次仍是院校管理的底层组织。"与层级结构相一致,在科层式组织体系中,按照管理权限和责任将每个组织机构排列在不同的层级上,由低到高,权力逐渐集中,构成一条垂直分布如金字塔形态的权力线条。"[①]由于科层制重视层级节制的指挥系统,并认为它是提高组织效率的依据,所以权力主要集中在组织上部,越到组织基层,权力越匮乏。专业负责人作为基层专业教学部门的负责人也就成了整个行政链条的最末端。所以单就职位权力而言,高职院校并未根据当前专业带头人所承担的责任赋予其相匹配的职位权力,无论是从惩罚性权力还是从奖赏性权力来看,专业带头人都很难让教师"服从"。如图4-7所示,仅有23.23%接受调查的教师认为专业负责人在完成专业建设任务过程中具备较大权力,能够影响带动大家一起积极参与专业建设任务。而有68.69%的教师认为专业负责人在完成专业建设任务过程中权力一般,仅仅只能带动少部分成员一起干,甚至还有8.08%的教师认为专业负责人没有权力,很难调动大家积极性。

一方面,专业负责人对团队缺乏足够的管辖权。例如人事权,专业负责人没有组建和优化专业教学团队的权力,没有办法依据自身的团队建设设想,合理地安排

---

① 覃明辉.试析科层制与高校组织管理的行政化[D].长春:吉林大学,2009:79.

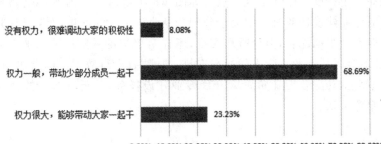

图 4-7 项目负责人在完成专业建设任务过程中所具备的权力

各级各类教师参与到团队中来,也无法依据自身对团队成员所发挥作用的判断进行人员的更换优化。另一方面,专业负责人没有充分的资源调配权。专业负责人想要调动教师参与专业建设任务的积极性,不仅仅需要上文说到的管理约束权力,同样还需要一定的能对教师产生激励作用的权力,也就是需要具有一定的调配资源的权力,但显然当前专业负责人在这方面的权力也是十分有限的,调配一定的资源需要层层审批,自主权较小,很多时候就算真心想给予为专业建设作出贡献的教师一定的物质奖励也较难实现。同时,教师在专业建设任务中的参与程度大多时候很难通过显性的、可考察的成果进行评判,但学校许多资源调配又恰恰需要这样的评判,团队中的教师也逐渐发现参与这些任务是项出力不讨好的工作,久而久之也就丧失了参与的热情。

我们学校专业主任最大的问题就是实际上没有什么权力但领导说你是有权力的,比如说给我 2 万块钱,让我给专业里干活比较多的老师发点绩效,但是这个钱用起来是很麻烦的。获得奖励的老师首先要有绩效,要有成果,那这些事最后不还是我来做吗! 折腾来折腾去最后还是折腾我自己,折腾过一次以后,我干嘛还要折腾第二次呢,钱我也拿不到,所以我再也不想参与物质奖励的评判工作了。(B—Z—1)

但也并非说专业负责人没有丝毫的权力。专业负责人拥有的权力主要包括排课的权力、提名推荐的权力以及年终教师业绩考核评价的权力等。这些权力的使用效度在一定程度上取决于专业负责人在团队中的权威地位,而且总体而言这些权力都是些"软权力",对于教师的切身利益影响并没有那么显著,对于教师的约束和激励作用十分有限。就排课而言,"在课时够的情况下,越少安排越高兴,专业负责人基本上不可能不给他安排课时,除非他犯了很大的错误处理他。"就一些项目的申报而言,"很多老师都不在乎,评职称也不全看这个,而且他能分到的项目也不是很多。"教师考核的作用也十分有限,"那个考核作用不是太大,比如说专业建设,就整体评分而言,专业建设分占比很低,影响不大,老师在其他方面有一个理想的

分数就 OK(可以)了,专业建设这一块的评分无法否定老师的所有工作。"(A—Z—4)

总而言之,专业负责人在团队中缺乏一定的行政管理权力,无法通过权力制约的形式推动教师参与专业建设任务,也无法通过调配资源给予教师们一定的物质或荣誉激励推动教师们参与专业建设任务。种种因素导致专业负责人在进行内部运行调控时只能通过"卖面子","人缘啊。就是人缘啊,就靠你这张脸嘛。"(A—Z—1)依靠自身的人格魅力来吸引教师参与专业建设,但显然这样的方式既困难也不持久。

四、以"责任下压"为内核的外部运行调控机制

从专业教学团队运行的外部运行调控机制来看,学校对专业建设的绩效考核重结果、轻过程,对专业建设的干预仅停留在形式层面,管理人员很难拥有足够的专业知识和监测手段完成对专业建设过程的干预,只能进行形式上的外部监控,而且由于获取项目带来的政绩吸引力,上级管理者对专业建设也缺乏足够的实质性关注。将建设责任下压至底层专业教学团队,大多情况下由专业带头人一人独立承担。只关注结果,过程不论,而专业建设的结果如何最终也将落到项目等可显性呈现的结果上,最后得到的仅仅是监测指标的是否达标,而对于专业内的建设水平缺乏足够的认知。

如图 4-8 所示,超过七成的教师认为自己所在学校较为支持专业教学团队完成专业建设任务。但观察图 4-9 却发现,仅有 34.34% 的教师认为学校的支持举措是十分有效的,58.59% 的教师认为效果一般,有 6.06%、1.01% 的教师认为效果较差,甚至是毫无效果。也即表明当前大部分院校对专业教学团队完成专业建设任务较为支持,但其所实施的支持举措却往往效果不佳,其主要原因有三个。

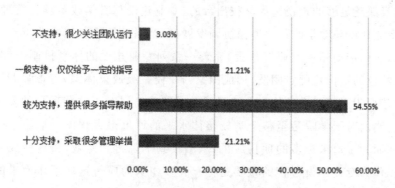

图 4-8 学校对专业教学团队完成专业建设任务的支持力度

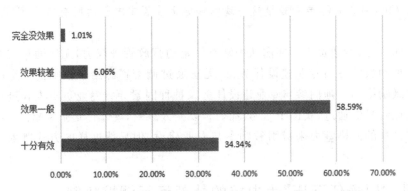

图 4-9 学校支持专业教学团队完成专业建设任务举措的有效性

首先,如前文所述当前大多高职院校仍然以科层式管理体制为主,而"在重视层级节制的权威指挥体系中,上层管理者多欠缺专业知识,由他们指挥具有专业知识的工作人员,实乃外行指挥内行,造成专业人员的自主行动障碍,而且基层分裂为大量专门化的学科'细胞',这就决定了行政层级节制的非彻底性,也就是说大学内部存在着自上而下的行政行为难以控制的领域。"[①]而专业教学团队在完成专业建设任务时也是如此。专业教学团队作为院校的基层教学组织,其组织运行状态各异,对于自身专业的建设有着比上层领导更深的理解,对于应该如何建设专业才能更好地满足社会对专业人才培养需求有着更为专业的认识。但在实际运行过程中,团队自身的自由度却十分有限,大多以上层管理者的意志为导向开展专业建设任务,不论这些层层下压而至的指令正确与否,身处体制中的团队都需要完成这些任务,外部调控的影响过大且缺乏一定的专业性。

其次,对于专业建设的干预大多还是以标志性成果为主要考核标准,对于专业内涵建设缺乏足够的重视。如某校出台的《专业建设与教学改革项目管理办法》中提到:专业建设与教学改革要遵循协调发展、示范引领原则。以专业重点项目建设为引领,协同带动相关专业群建设,完善一系列专业建设的体制机制,打造一批具有优势特色的结构化师资团队,形成国家、省、校三级成果体系,着重强调了要以重点项目建设为引领推动整体专业建设活动。越是高层对于这些项目的重视程度越高,因为当前对于学院乃至整个学校整体水平的评价很大程度上取决于这些项目的多寡,而为了追求更多的项目成果,从学校到学院再到专业,将这些成果任务层层下压,作为专业建设考核的重要指标。大多团队为应付这些下压而来的任务已

---

① 马廷奇.大学组织的变革与制度创新[D].武汉:华中科技大学,2005:198.

经耗费太多精力,对于专业内部亟待改革发展的内涵建设缺乏足够的精力予以关注,即使部分教师有意愿加以改进,也是有心无力。外部调控极大地影响了团队内部自生的专业建设意向。

最后,当前院校中对于推动专业教学团队参与专业建设活动缺乏有效的激励机制。院校对于专业建设活动的重视程度不高,大多院校并未对参与专业建设活动设定相关的激励机制,大多教师参与专业建设活动所能获得的利益远逊于自主开展科研活动、承担项目建设,对于教师的激励作用较小。"我想获得职称就得做论文,做一些项目,学校的专业建设活动太多会占用我时间,这就是一种负向的、反向的影响,其他老师也不愿意干。比如做资源共享课,又不是我主持的,凭什么让我做,而且又是录像,又是组织学生,又是团体排练,我在这上面花的时间还是很多的,感觉不划算。"(A-G-1)即使是与专业建设联系最为紧密的专业负责人,也会因职务上升通道窄、对职称评定影响较小而不热衷于参与专业建设活动,大多只是为了应付上层下达的建设任务。

总而言之,当前大多院校实行的外部运行调控机制都仅仅是通过科层管理的形式将上层意志层层下达,以项目成果为主要抓手,对专业建设进行形式上的外部监控,对专业内在发展需求以及实际发展现状了解甚少。上级管理者缺少对专业建设内在机理的真实认知,这样的外部调控机制导致专业教学团队在开展专业建设任务过程中只能疲于应付上层下达的工作,与专业发展的内生性特质相去甚远,甚至有时会对专业内部的内生发展产生一定的抑制。过于强势的外部调控往往会影响专业内发的健康发展趋势。

小结

专业建设任务是高职院校人才培养定位与产业人才需求耦合匹配的重要载体抓手,是高职院校人才培养质量提升的重要基础。基于调查当前高职院校专业教学团队整体呈现"单核松散式"运行状态。首先,从高职院校专业教学团队的运行驱动力来看,驱动高职院校教师完成专业建设任务的主要动力来自学校管理压力,高职院校专业带头人在完成专业建设任务过程中压力驱动随着时间增长而不断提升,但事业驱动力和利益驱动力则逐渐下降。其次,从高职院校专业教学团队的运行协调机制来看,高职院校专业带头人在完成专业建设过程中往往处于"单打独斗"状态,缺乏来自团队其他教师的配合支持。再次,从高职院校专业教学团队的内部运行调控机制来看,高职院校专业带头人仅能依靠自身专业权威、人格魅力来对团队教师施加影响,缺乏足够权力来调动团队教师的积极性。最后,从高职院校专业教学团队的外部运行调控机制来看,高职院校通过绩效考核、管理压力、科层控制等途径来推动专业建设发展,将项目成果作为评判专业建设质量的核心指标。

第五章 小团体运行:项目化任务下高职院校专业教学团队运行现状

项目化任务是各级政府的教育主管部门或其他部门为了推进职业教育高质量发展而在特定的教学改革创新领域设置的各种与人才培养相关的项目,这些项目是政府推进高职院校人才培养质量提升的重要抓手,也是推进特定教学领域改革创新的关键载体。通过对被调查个案院校不同专业教学团队在完成项目化教学工作任务时团队运行状态的考察,专业教学团队呈现出了较为鲜明的"小团体"运行特征,在"项目"这一纽带下专业教学团队中的若干团队成员将临时组建为一个小团体,小团体具有十分明晰的运行目标,团体成员围绕项目完成形成紧密的强合作关系,但不同小团体之间彼此独立运行,不参与该项目的教师被隔绝在外,如图5-1所示。

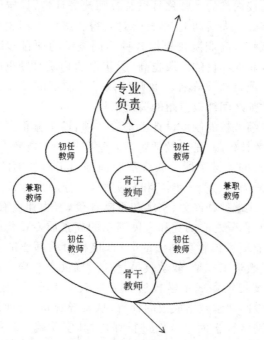

图 5-1 项目化任务下专业教学团队"小团体"运行示意图

一、以"利益驱动"为主导的运行动力机制

近年来,由于各级政府都将"项目"作为激发高职院校发展的关键抓手,在高职

院校改革创新发展的各个领域都出台了一系列重要项目,这些项目不仅成为推进高职院校改革发展的重要载体,同时也成为衡量高职院校办学质量的关键指标。因此,在"项目"愈加重要的背景之下,高职院校内部绩效管理纷纷将"项目"作为绩效考核的关键指标。绩效考核是高职院校内部管理的关键环节,是高职院校对照工作目标和绩效标准,采用科学的考核方式,评定员工的工作任务完成情况、工作履职情况和发展情况,并将评定结果反馈给员工。面对竞争日益激烈的项目"锦标赛",高职院校纷纷建立了以项目成果为核心的教师绩效考核体系,教师的绩效考核都以项目获取的多寡为依据,项目成果逐渐成为衡量办学成果的关键绩效指标(KPI)。从学校对教师的绩效评价来看,高职院校对教师的绩效考核评价包含了多个方面,包括教学业绩考核、职称评价、成果评价以及荣誉激励等展开全方位的评价,但无论哪个方面的评价,在绩效评价指标中都无一例外地将项目获取作为评价的核心指标。从职称晋升上来看,获得省级、国家级项目是教师职称晋升的关键,也是教师能够在激烈的职称竞赛中脱颖而出的关键支撑,而且许多高职院校出台了教师职称晋升的破格提拔制度。在标准设定上,项目都是绝对的关键指标。在荣誉激励上,高职院校内部的教师称号以及教师荣誉评定,评定的标准仍然是相关项目,甚至在教师节等重大活动上,学校会对获得省级以上相关项目的教师进行单独颁奖。在物质激励上,高职院校根据各种不同类型的项目和级别建立了十分清晰明确的奖励机制,获取项目的层级越高,所获得的物质奖励也越多。通过对某高职院校的个案分析,项目获取在各项教师绩效考核制度的设计中都占据着十分重要的地位,是拉开教师之间绩效差距的关键指标。

其一,从教学业绩考核的制度设计上来看,"项目"十分重要。教学业绩考核是一种常规性的绩效考核机制,是对教师履行教学职责的重要考核方法,是对教师教学业绩进行全面评价的关键手段。教育部明确提出了对教师的考核要坚持"师德为先、教学为要、科研为基、发展为本"和分类指导、分层次考核的高等学校教师考核评价的基本要求,注重教师能力、实绩和贡献评价,努力建设有理想信念、有道德情操、有扎实学识、有仁爱之心的党和人民满意的高素质专业化教师队伍。通过对某所高职院校教学业绩考核管理办法的分析,该校对教师业绩考核主要从三个方面进行考核,分别是教学工作量、教学效果、教改教研(表 5-1)。教学工作量主要考核教师是否按照制度规定完成了学校所布置的教学工作量,有无出现教学事故。教学效果主要是对教师课堂教学成效的评价,从督导评价、管理评价、同行评价、教师自评、学生评教、网络教学六个方面进行评价,其实质就是教师周边群体对教师教学业绩的主观评价。教改教研主要是从论文发表数量和教改课题项目两个方面对教师进行的评价。在上述指标体系基础之上,教师如果能够获得省级及以上荣誉、奖励以及指导学生获省级及以上奖励的将会加分。从教师教学业绩考核评价指标体系的设计来看,获取项目是教师教学业绩考核的关键,因为教师在教学工作量、教学效果两个指标上很难拉开较大的差距,影响教师教学业绩考核的关键是

第五章 小团体运行:项目化任务下高职院校专业教学团队运行现状

"项目"获取的层次和数量的多寡。

某高职院校教师教学业绩考核指标体系如表 5-2 所示。

表 5-1 某高职院校教学业绩考核指标体系

一级指标	二级指标	教师岗位		思政教师岗位		实验技术岗位	
		分值	考核单位	分值	考核单位	分值	考核单位
教学工作量(30%)	教学工作量	30	各学院	30	公共学院、学生处或就业处（创业学院）	30	各学院
教学效果(50%)	督导评价	10	各学院	10		10	各学院
	管理评价	10	各学院	10		30	各学院
	同行评价	5	各学院	5		5	各学院
	教师自评	5	教师个人	5	教师个人	5	教师个人
	学生评教	10	各学院	10	公共或创业学院	—	—
	网络教学	10	各学院	10		—	—
教改教研(20%)	教改教研	20	各学院	20		20	各学院

注:教师获省级及以上荣誉、奖励以及指导学生获省级及以上奖励的实行加分。

表 5-2 某高职院校教师教学业绩考核指标体系

考核内容（一级指标）	考核内容（二级指标）	计算方法
1. 教学工作量(30%)	1.1 理论课教学工作量	教师教学工作量核定根据《××职业技术学院教学工作量计算办法》执行。 教师学年工作量 M =学年实际自然课时量×职称系数 注:(1)正高职称系数为 2;副高职称系数为 1.6;高讲职称系数为 1.5;中级职称系数为 1.3;初级职称系数为 1.1。 (2)行政兼职教师得分=$M\times3$
	1.2 实践课教学工作量	
	1.3 一体化课程教学工作量	
	1.4 其他教学工作量	
2. 教学效果(40%)	2.1 承担课程教学效果评价	教师在本院、部、中心排名分值 0＜排名≤10%=100 10%＜排名≤20%=95 20%＜排名≤30%=90 30%＜排名≤40%=85 40%＜排名≤50%=80 50%＜排名≤60%=75

续表

考核内容（一级指标）	考核内容（二级指标）	计算方法
2.教学效果(40%)	2.1 承担课程教学效果评价	60%＜排名≤70%＝70 70%＜排名≤80%＝65 80%＜排名≤90%＝60 90%＜排名≤100%＝55
	2.2 教师个人教学工作方面的奖惩	每发生一次一级教学事故扣400分、二级教学事故扣200分、三级教学事故扣150分、教学违纪扣50分（同一学年内出现2次三级教学事故，或出现二级及以上教学事故的，直接认定考核等级为E）
	2.3 指导学生技能（科研）活动	成功申报省级教学团队得90分。成功申报省级教学名师得80分。成功申报省级教坛新秀得40分。成功申报省级专业带头人培养对象得70分。成功申报校青年骨干教师得20分。获得省级教学技能比赛团体一等奖得80分，省二、三等奖按一等奖标准的70%、50%执行，个人奖项按团体奖项标准的50%执行
3.教学改革与研究(30%)	3.1 专业建设	成功申报省级重点专业得100分。 担任专业群负责人，酌情加5~10分（部门负责人或部门教学负责人加分），担任专业群建设团队成员，酌情加3~5分（专业群负责人加分）
	3.2 课程建设	成功申报省级精品课程得80分。 已是国家、省、校级精品课程负责人和建设团队成员的，分别酌情加4~8分和2~4分（课程负责人由所在专业群负责人加分，课程建设团队成员由课程负责人加分）
	3.3 教材建设	成功申报省级重点教材得40分，国家精品教材为国家级、国家"十一五"规划教材为省级、校级精品教材重点项目为校级、校级精品教材一般项目按校级标准的60%计分 公开出版一本教材得15分

续表

考核内容 (一级指标)	考核内容 (二级指标)	计算方法
3.教学改革与研究(30%)	3.4 教学改革项目	成功申报省级教学改革项目得70分,省新世纪教改项目为省级、校教改重点项目为校级、一般教改项目按校级标准的60%计算
	3.5 教学成果奖	成功申报省教学成果一等奖得120分,省教学成果二、三等奖分别按一等奖标准的70%、50%执行
	3.6.教研教改论文	在一级、二级和省级杂志上发表一篇教研教改论文分别得20分、10分、5分

其二,从对高职院校教师的职称评价来看,项目十分重要。职称特指职务的名称,理论上职称是对专业技术人员的专业技术水平、能力以及成就的等级称号,是反映专业技术人员的技术水平、工作能力的标志。专业技术岗位是高职院校岗位中的主体,高职院校教师的职称等级可以划分为初级、中级、副高和正高四个主要等级。高职院校教师普遍较为重视职称评定,因为职称背后不仅关系到个体的社会声望和组织认可,还同福利待遇、绩效津贴紧密挂钩,职称评定是激发教师工作积极性、主动性的关键抓手。因此,职称评价指标体系的构建具有十分重要的价值意义,对教师的教学行为具有十分重要的价值引导作用。通过对个案学校的考察,当前高职院校在进行职称评价指标体系的构建时,将项目作为职称晋升的关键要素,由于高级专业技术岗位在学校内部岗位总量上的占比较为有限,所以教师之间围绕项目获取的数量和等级进行评比的结果,就成为教师能否顺利获取职称的关键。

例如,某高职院校在职称评价指标体系的构建上秉承"人尽其才、才尽其用"的理念,将教师划分为教学为主型、科研为主型、教学科研并重型、社会服务与推广型等4种类型,为教师提供不同的职业发展平台与通道。教学为主型是指较长时间从事教学工作,特别是从事基础课、公共课教学的教师,其承担的教学工作量在学校同类教师平均水平以上,注重教学改革与研究,同时承担一定科研工作的教师;科研为主型是指具有较为稳定的研究方向(领域),在完成基本的教学任务外,主要承担科学研究或企业技术服务工作的教师;教学科研并重型是指介于教学为主型与科研为主型之间的教师,其教学工作量处于学校同类教师平均水平,同时承担一定科研工作的教师;社会服务与推广型是指主要承担技术咨询与推广、公共政策支持、医疗服务与教育培训、艺术创作与推广等社会服务工作,并完成基本教学任务的教师。如表5-3所示,不管何种类型教师,项目依然在职称评价中起着绝对的核心作用,在评价指标体系中,无论是"发展经历""教学工作"都是职称评定的基本条件,在基本条件之外,决定教师是否能够顺利获评职称的关键是"代表性成果",而"代表性成果"主要就是"论文著作""教科研项目及获奖""育人/获奖/人才项目"。因此,高职院校教师想要在职称竞赛中"取胜",就必须在一些项目上取得比竞争者更多的优势,只有在优势足够明显的情况下,才能够争取到有限的职称晋升机会。

表 5-3　某高职院校专业技术职务评聘考核权重比例

条件要求	教学为主型	科研为主型	教学科研并重型	社会服务与推广型
发展经历	5%	5%	5%	5%
教学工作	45%	15%	30%	15%
论文著作	10%	15%	10%	5%
教科研项目及获奖	15%	40%	30%	15%
育人/获奖/人才项目	15%	15%	15%	15%
团队/服务	10%	10%	10%	45%

项目获取除了在教师职称考核评价指标体系中占据重要权重,在岗位聘期考核中,同样是决定教师能否续聘的关键。为更加全面评价教职员工德才表现和工作实绩,进一步强化学校岗位设置管理,健全科学合理的岗位聘期考核评价机制,某高职院校出台了《岗位聘期考核实施办法(修订)》,将专业技术岗位聘期考核与专业技术职务评聘并轨,建立分层分类的岗位业绩评价标准,实行专业技术岗位动态聘任,形成了"岗位能上能下、人员能进能出、待遇能高能低"的灵活用人机制。以教师岗位为例,聘期内的基本要求是:系统讲授 1 门课程以上,每年教学工作量不低于 240 课时(不计系数,下同)或年平均教学工作量不低于 300 课时,无重大教学、责任事故,教学工作业绩考核每年均在 C 级以上,年度考核每年均合格以上。业绩要求是:各级专业技术岗位人员完成《专业技术人员岗位聘期考核业绩要求》(教师岗位)中对应或高于的业绩要求 1 项。而这些业绩要求普遍都是相关项目。某高职院校专业技术岗位聘期考核业绩要求(教师岗位)如表 5-4 所示。某高职院校教师专业技术职务评聘要求(部分节选)如表 5-5 所示。

表 5-4　某高职院校专业技术岗位聘期考核业绩要求（教师岗位）

序号	项目	类别	正高	副高	中级	初级
1	优质教学		每年教学工作量360学时以上，业绩考核2A1B	每年教学工作量360学时以上，教学工作业绩考核2A1B	每年教学工作量360学时，业绩考核2A	每年教学工作量360学时，教学工作业绩考核2A
2	指导竞赛	国家级一类	二等奖排名前2	二等奖排名前2或三等奖	三等奖排名前2	三等奖排名前3
3		国家级二类	—	三等奖	三等奖	三等奖
4		省级一类	一等奖排名前2	一等奖排名前2或二等奖	二等奖排名前2	二等奖排名前3
5		省级二类	—	二等奖	一等奖	一等奖
6		市级	—	—	—	一等奖
7	体育教师作为主教练指导体育竞赛	国家级	团体项目排名前6或个人项目排名前3	团体项目排名前12或个人项目前8	—	前12
8		省级	团体项目排名前3或个人项目排名第1	团体项目排名前6或个人项目前3	—	前8
9		厅局级	—	团体项目排名前3或个人项目排名第1	前6	—
10	指导艺术类竞赛	国家级	—	二等奖	二等奖	优秀奖
11		省级	二等奖	一等奖	三等奖	三等奖
12	综合教改项目	国家级	排名前2	排名前3	排名前4	排名前5
13		省级	主持	排名前2	排名前3	排名前4
14		校级	—	主持2项	主持	—
15	单项教改项目	国家级	主持	排名前3	排名前3	排名前4
16		省级	—	排名前2	排名前2	排名前3
17		校级	—	主持2项	主持2项	主持

续表

序号	项目	类别	正高	副高	中级	初级
18	教学业绩	教材	以主编(排名第1)立项国家级教材1部	以主编(排名第1)立项省级教材1部	—	以主编(排名第1)出版校本教材1部
19		教师竞赛获奖 国家级	一等奖	二等奖	三等奖	三等奖
20		省级	特等奖	一等奖	二等奖	三等奖
21		校级 职业生涯规划大赛	—	—	一等奖	二等奖
22		教师技能微课大赛	省一等奖	省三等奖	校级一等奖	校级三等奖
23		思政微课大赛	省特等奖	省一等奖	省三等奖	校级三等奖
24		教学成果奖 国家级	排名前9	排名前10	排名前11	排名前12
25		省部级	排名前7	排名前8	排名前10	排名前12
26		厅局级	排名前7	排名前8	排名前10	排名前12
27		市级	排名前5	排名前6	排名前8	排名前10
28		校级	排名前3	排名前5	排名前2	排名前3
29	科研业绩	课题 国家级	主持	主持	—	—
30		省部级	主持	排名前3	主持	排名前5
31		厅局级	排名前3	排名前3	排名前2	排名前3
32		市级	—	—	排名前3	—
33		校级	—	—	主持	主持
34		横向到款	累计到款30万元(自然科学类)或15万元(社会科学类)	累计到款20万元(自然科学类)或10万元(社会科学类)	累计到款12万元(自然科学类)或6万元(社会科学类)	累计到款5万元(自然科学类)或2万元(社会科学类)
35		知识产权	发明专利1件	实用新型专利1件	外观设计专利或软件著作权1件	—
36		专利转化	专利转化1件且到校经费10万元	专利转化1件且到校经费5万元	专利转化1件且到校经费2.5万元	—

第五章 小团体运行:项目化任务下高职院校专业教学团队运行现状

续表

序号	项目	类别		正高	副高	中级	初级
37	科研业绩	论文		《金华职业技术学院期刊目录》一级期刊论文1篇,或SCI、EI、SSCI收录论文1篇,人大复印资料(学术专题期刊)全文转载论文1篇,或18家高等教育核心期刊论文1篇	《金华职业技术学院版期刊目录》核心期刊论文1篇	高等院校学报论文1篇	论文1篇
38		专著/著作		以第1作者正式出版专著1部	以第1作者出版著作1部	以第2作者出版著作1部	以第3作者出版著作1部
39		新品种、新产品、新技术		通过省级审定,或通过省级验收1项		申报立项省级新产品1项	
40		标准制定		国家或行业标准	地方标准	地方标准(排名前2)	地方标准(排名前3)或企业标准
41		成果获奖	国家二等	排名前7		排名前10	
42			省部级	二等奖排名前5或三等奖排名前3		二等奖排名前9或三等奖排名前7	参与
43			厅局级	二等奖	三等奖	主持	参与
44			市级	一	一	主持	参与

续表

序号	项目	类别	正高	副高	中级	初级
45	育人成果	指导学生实践团队	—	省级优秀团队	市级优秀团队	校级优秀团队
46		省新苗计划项目	—	—	—	立项1项
47		指导学生社团	—	省级优秀社团	市级优秀社团	校"十佳社团"或"优秀社团"
48		优秀教学团队	国家级排名前5或省级排名第1	国家级排名前7或省级排名前3	国家级排名前10或省级排名前5	省级团队成员
49	团队、平台建设	重点平台(学科)	省部级排名前5或厅局级排名前3	省部级排名前7或厅局级排名前5		参与
50		重点创新团队	省部级排名前5或厅局级排名前3	省部级排名前7或厅局级排名前5		参与
51	成果批示、采纳		党委、人大、政府、政协序列的地厅级以上现职领导或单位的肯定性批示、采纳的研究报告或政策建议1项		作为负责人通过厅局级鉴定1项	
52		教学、实验设备研制、改进				
53	其他	高职院校骨干教师培训项目	作为负责人首次申报国培项目立项或连续三年为国培项目负责人	作为负责人首次申报省培项目立项或连续三年为省培项目负责人	作为负责人首次申报校培项目立项或连续三年为校培项目负责人	—
54		学术文章(800字以上)	人民日报、光明日报、中国教育报发表学术文章1篇	浙江日报、浙江教育报发表学术文章1篇		

表 5-5　某高职院校教师专业技术职务评聘要求（部分节选）

能力要求	必备条件
教育教学能力	具有高校教师资格证，且在教育教学中发挥示范引领带动作用，并完成学校规定的教育教学工作量。专任教师任现职以来需有本人或指导学生参加过市厅级及以上教学竞赛、职业技能竞赛的经历。艺术类教师任现职以来需有参与学校组织的艺术类实践活动的经历。教育教学主题活动、教研室学术活动及部门以上会议参与次数不低于 90%。 在教育教学项目方面须满足下列条件之一： 1. 主持完成 1 项院级教育教学改革项目或参与完成 2 项及以上（教学管理、行政管理人员可以是科研课题）；或主持完成 1 门及以上院级课程思政示范课程或参与完成 2 门及以上。 2. 主持完成 1 项院级教育教学建设项目或参与完成 2 项及以上；或至少参与完成 1 个院级及以上课程思政示范专业建设。 3. 参与院级教师竞赛或指导学生竞赛获得表彰至少 1 次。 在教学基本建设方面须至少满足下列条件之一： 1. 主持完成专业标准的制定、修订 1 次或参与完成 2 次及以上。 2. 主持完成课程标准的制定、修订 1 门或参与完成 2 门及以上。 3. 主持完成实训基地建设项目 1 次或参与完成 3 次及以上 4. 主持完成学院或完成其他重点建设项目 1 次或参与完成 3 次及以上
科研能力	需至少主持完成 1 项院级科研项目，并主持完成 1 项厅级科研项目，或作为前 2 名完成人参与 1 项省级科研项目。同时，需至少主持收集整理本专业新技术案例不少于 50 个。 参与科研团队、教研室及部门以上组织开展的科研活动次数不低于 90%

其三，从对高职院校教师的物质与荣誉激励来看，"项目"十分重要。除了在职称评定、教学业绩考核等方面对教师进行激励外，高职院校还建立了相应的荣誉激励机制和物质激励机制。从物质激励来看，高职院校纷纷建立内部项目激励机制，将项目获取的数量、层次和物质激励的多寡建立了十分清晰的对应关系，教师可以清晰地从奖励文件中看到自己获取项目以后可以获取的物质激励。某高职院校在 2020 年颁布了该校的《教职工高层次项目奖励实施办法》，该制度出台的目的是能够"对在教书育人、教育教学、科学研究、社会服务等方面取得显著业绩、作出突出贡献的教职工，依据本办法给予奖励。"该文件奖励的类别分为"高层次人才项目与荣誉奖励、高层次教学改革与建设项目奖励、学生科技竞赛指导奖励、科研奖励、文化艺术类比赛和体育竞赛奖励 5 类。"基于该文件分析，可以发现当下高职院校为

了能够激发教职员工获取重要项目的积极性与主动性,将项目获取和物质激励进行了直接挂钩,这些物质激励对于普通教师尤其是年轻教师而言具有较大的吸引力。例如,通过对个案学校的调查,这些学校教师的课时费普遍在20~50元不等,如果一名教师能够在国家级的科技竞赛中获得一等奖,将能够收获8万元的奖励,如果按照最高的50元/课时的课时费,教师需要一年上1600节课才能够获得同样的物质报酬。表5-6为某高职院校教学改革与建设项目奖励标准。相较于常规教学而言,高职院校针对项目建立了十分完善的激励制度体系,这种完善可以说已经达到了"全方位"和"无死角",无论是在常规的教学业绩考核上还是在荣誉与项目激励上,可以说项目都占据了关键地位。表5-7为某高职院校学生科技竞赛项目奖励标准,表5-8为某高职院校科研项目奖励标准。对于教师而言,项目获取也直接关系到了职称晋升、荣誉、物质奖励等,甚至一名教师是否优秀也完全通过项目来进行评价,没有足够多高级别项目的教师就算在常规教学上投入再多的精力也无法获得上级领导的认可,也无法在竞争激烈的职称竞争中脱颖而出。

表5-6 某高职院校教学改革与建设项目奖励标准

序号	项目级别	项目类别(团队)	标准(万元)			
			特等奖	一等奖	二等奖	三等奖
1	国家级	教学成果奖	200	60	20	
2		教师教学能力比赛		10	3	1.5
3		青年教师教学能力比赛	5	1.5	0.7	
4		专业教学资源库	第一主持单位:20 联合主持单位:10			
5		课程、教材	1			
6	省级	教学成果奖	10	5	2	
7		教师教学能力比赛		1	0.6	0.3
8		青年教师教学能力比赛	0.5	0.25	0.1	
9		专业教学资源库	5			
10		课程、教材	0.5			

表5-7 某高职院校学生科技竞赛项目奖励标准

对应标准类别	奖励标准		
	国家(万元)		省一类(万元)
	一类	二类	
一等奖	8	1	1

续表

对应标准类别	奖励标准		
	国家(万元)		省一类(万元)
	一类	二类	
二等奖	4	0.5	0.5
三等奖	2	0.2	0.2
其他奖项	0.3	0.08	0.08

表 5-8 某高职院校科研项目奖励标准

序号	项目类型	奖励标准（万元/项）
1	国家自然科学基金重大项目 国家社会科学基金重大项目 国家科技重大专项课题 国家重点研发计划项目 国家杰出青年科学基金项目	30
2	国家自然科学基金重点项目 国家自然科学基金优秀青年科学基金项目 国家社会科学基金重点项目 教育部科技研究、人文社科研究重大项目 国家自然科学基金重大项目课题、国家科技重大专项课题、国家重点研发计划项目的一级子课题	15
3	国家自然科学基金面上项目 国家社会科学基金项目(含艺术、教育、军事单列学科等)、国家社科基金重大项目一级子课题 省自然科学基金基础研究重大专项	10
4	国家自然科学基金青年基金项目 国家社会科学基金青年项目 国家艺术基金(经费下达到学校账户≥20万元) 省科技重点研发计划项目 省自然科学基金重点项目	5

因此，从专业教学团队完成项目化任务时的动力机制来看，利益驱动是团队运

行的主要动力源泉。由于近年来政府以及社会普遍将获取相关项目的多寡作为衡量高职院校办学质量的主要依据,学校普遍将项目获取作为办学的重要目标,在一系列学校内部的绩效评价制度设计上,"项目"都具有重要权重,获取项目通常和教师的职称晋升与绩效奖励有着紧密的关联。因此,在外部激励制度的推动下,团队成员具有较高的积极性去努力获取相关项目。

校领导也不会因为你课上得好就关注你,关键是双高院校教学业绩考核就没有这一项,和你课上得好坏基本没啥关系。比如,学生喜欢的老师就算课上得再好也不会受到领导的关注,但如果老师获得了国赛一等奖,校领导肯定更重视后者。(受访者B-Z-2)

从对受访者的调研结果来看,高职院校教师参与项目具有非常大的利益驱动力,尤其一些刚入校的年轻教师,他们必须在生涯发展前期就获得一些高层次的项目,这是他们在和其他教师进行竞争过程中获得优势的关键,只有获取足够多的项目才能够在未来的职称竞争中占据优势地位。因此,基于以上研究,为了获取某些特定项目而组建的临时性团队参与项目竞争的主要动机来自对自身利益的追求而表现出的行为倾向与趋势,是为达到项目获取这一目标的行为动力。尽管高职院校教师参与项目化任务的主要驱动力来自利益驱动,但来自上级领导的外部压力也是重要的驱动力之一,只不过相较于压力驱动而言,利益驱动是更为主导的驱动力,所发挥的功效也最大。但不同驱动因素在不同类型教师生涯发展周期上呈现出了不同的特征,而且在驱动力大小上也呈现出了较大的差异。就项目获取而言,包括了利益驱动、事业驱动、压力驱动三种重要驱动因素。表5-9为项目任务下各种驱动因素的驱动力现状及属性特征。从利益驱动因素来看,高职院校对项目获取普遍较为重视,出台了许多激励措施,在教师职称考核、教学业绩考核、岗位聘期考核等一系列考核制度设计上都将项目获取作为重要评价指标。从事业驱动因素来看,高职院校教师是否具有较强的事业驱动力主要取决于自身,事业驱动是人们对自己所从事的事业执着追求的情感,是一种希望个体获得成长的内在驱动因素,高职院校在追求项目过程中必然会受到自身事业驱动因素的影响,但事业驱动力的大小是个体主观认知和外在制度环境综合作用下的结果。例如,通过对高职院校教师的调查(图5-2),当前高职院校教师认为自己参与项目化任务主要动力是压力驱动,其次是事业驱动,最后才是利益驱动。从教师本意来看,从事项目工作任务主要来自外在的管理压力和绩效考核要求。但从高职院校对教师的激励机制来看,高职院校在一定压力机制的前提下,愈加重视利益驱动机制的作用,为了能够激发教师参与项目竞争的动力,学校建立了日益完善的项目奖励体系。

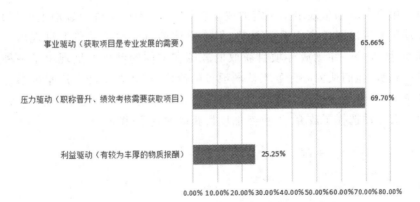

图 5-2　项目化任务下高职院校教师驱动因素的现状分析

表 5-9　项目化任务下各种驱动因素的驱动力现状及属性特征

驱动类型	驱动力(现状)	驱动效果	动机类型	动机性质
利益驱动	高	中等程度	外在	功利性
事业驱动	中	高等程度	内在	发展性
压力驱动	高	低等程度	外在	强制性

对不同类型教师而言,不同的利益驱动因素在教师生涯发展的不同周期呈现出了不同的特征,尽管高职院校外在的制度环境具有一定的恒定性,但不同类型教师对不同的外部驱动因素的主观感知是不同的,在不同生涯发展周期各种驱动力的驱动强度也会因为教师主观认知的不同而产生不同的驱动效果。基于实证调查研究,我们将高职院校教师分为三种类型:第一种是在项目获取上经验较为丰富,取得了较好的成绩,被学校视为"项目明星"的教师;第二种是普通教师,在项目获取上成绩较为一般,与"项目明星"教师存在着一定差距,但因为各种因素没有完全放弃项目获取的动力;第三种是主动放弃项目获取的教师,在项目竞争失败后,主动选择"躺平"。

对于高职院校"项目明星"教师而言,在生涯发展早期,利益驱动较高,事业驱动也处于高等程度,而且压力驱动较低,所谓"初生牛犊不怕虎"。然而随着该教师在项目获取上取得了较好的成绩,尤其通过项目获取实现了自身在职称、物质、荣誉等多方面的利益后,会感受到日益激烈的竞争压力,利益驱动因素将逐渐降低,但外部压力驱动则随之而升,整体事业驱动力也呈现平缓的下滑趋势(图 5-3)。对于高职院校普通教师而言,在教学生涯发展早期具有较高的动机去争取项目,但由于项目获取较大的竞争压力和挫败感造成教师项目获取的动机降低或者减弱,在这个过程中事业驱动呈现出了一定的波动性,压力驱动则呈现出逐渐上升的趋势,利益驱动也呈现出了逐渐上升的趋势,但在整体项目获取的动机上呈现出了较大的波动性(图5-4)。主动放弃项目获取的教师在整体的动机上呈现出了一种断崖式下跌的趋势,他们从内心深处不认同项目的价值,可能在生涯发展早期参加过项目的竞争,但在经历过一系列失败后或者认为自己不适合项目竞争,或者不认可项目的价值而主动选择了放弃,不再参加项目获取的竞争(图5-5)。

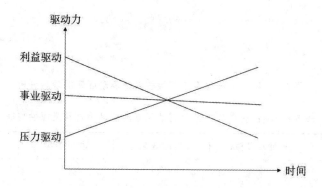

图5-3 "项目明星"教师在生涯发展周期上项目获取动力变化趋势

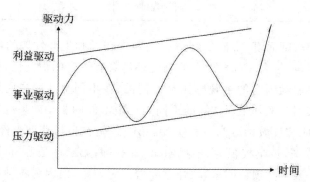

图5-4 普通教师在生涯发展周期上项目获取动力变化趋势

二、以"高效运行"为特征的运行协调机制

从专业教学团队完成项目化任务时的协同机制来看,为了能够获取相关项目,团队成员形成了十分紧密的合作机制,小团队成员之间通常能够紧密配合、互相帮助,围绕如何获取项目形成紧密的互动合作关系,经过一段项目化周期的相互磨合,团队成员之间会形成浓厚的"战斗情谊"。为了能够完成特定项目化任务而组建的临时性小团队通常在运行过程中具有高效团队的特征,小团队成员之间不仅

第五章 小团体运行:项目化任务下高职院校专业教学团队运行现状

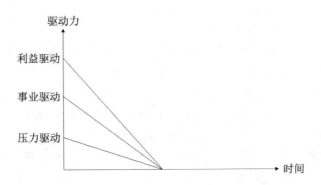

图 5-5 主动"躺平"教师在生涯发展周期上项目获取动力变化趋势

能够形成共同的价值共识和奋斗目标,而且能够在互助合作中形成良好的合作氛围。

> 小团队是可以的,比如王老师他们自己的竞赛团队,两三个老师就可以了,他自己能安排过来,他们之间已经配合了两三年,已经形成较好的默契了,而且带比赛的成绩也比较突出。(E—Z—5)

其一,为了完成项目化任务而组建的小团队具有共同愿景和对愿景清晰的理解。共同愿景是团队高效运行的首要特征。为了能够完成项目化任务目标,团队内部成员会形成一定的共同愿景,并且在日常交流中会经常描绘愿景蓝图。共同愿景是深埋在团队内的感召之力,能够让团队成员形成众人一体的感觉,并在无形中让团队成员拧成一股绳,进而激发团队成员的热情与干劲。项目化任务为小团队成员确立了十分清晰的共同愿景,这一愿景是清晰明确的,而且为了实现这一愿景,小团队成员之间有了共同的利益纽带,进一步增进了团队成员之间的相互信任并产生强烈的一体感。与此同时,在共同的项目化愿景之下,团队成员将愿景转化为具体、明确的目标,从而在具体目标之下积极找寻当下团队的不足,每个成员对实现目标以及由此带来的益处有着共同的设想和质量要求。

其二,为了完成项目化任务而组建的小团队能够较好地进行职责和任务的分工。项目化小团队具有共同的利益纽带的联结,团队成员能够基于自身的特长和优势进行明确的职责分工和角色定位。项目化任务具有十分清晰的目标要求且具有暂时性、阶段性的任务特征,为了完成项目化任务而组建的临时性团队往往要在较短时间内形成良好的协作互动关系才能够在激烈的竞争中胜出。因此,在共同利益的驱动下,项目化小团队通常会根据不同教师之间的能力优势和特长进行分工协作。由于项目化任务通常需要教师在较短时间内达成较高的目标要求,因此团队教师一般都能够较好地接受团队负责人所安排的任务和角色。例如,在教师教学能力竞赛中,通常要求四名教师组队参加,这样就需要对团队内部不同教师之间的角色和职责任务进行清晰的划分,只有团队内部教师之间形成通力合作,才能够真正在较短时间内达到较高的要求。

其三,为了完成项目化任务而组建的小团队能够在互助合作中实现高效运行。小团队在运行过程中通常能够在清晰的目标下将工作任务进行有效分解,并且能够将其形成可量化、可考核的指标,责任落实到人,充分发挥项目获取目标的激励和引导作用。在完成项目化任务过程中队成员之间会形成较好的信任感,互相关心,承认彼此之间存在的差异,为了共同的目标而求同存异,同时还能够在完成团队目标的过程中合作互助。一个有效的团队需要开放、坦诚而及时的沟通,项目化团队在运行过程中通常能够形成坦诚、开放的交流互动氛围,团队成员能够围绕项目运行过程中存在的问题及时地沟通与交流,尤其是在一些时间较为紧迫、层级较高的项目上,能够实现更为高效的组织运行。例如,通过问卷调查,有超过90%的教师认为在完成项目化任务时团队成员之间能够实现紧密的互助协作,能够较好地实现沟通,如图5-6所示。

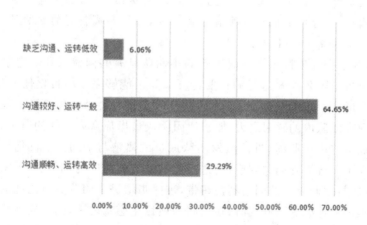

图5-6　项目化任务下高职院校教师协作紧密程度调查示意图

然而,有必要特别说明的是,在项目化任务执行的过程中存在着一定的异质性,在完成不同的项目化任务过程中团队运行的方式与特征也存在着较大的差异性。比如,在荣誉类项目和竞赛类项目上,小团队的运行是较为高效的,团队成员之间的协作互动关系是较为协调的,然而在教学改革类项目和试点类项目运行的过程中,在项目申报和项目结项时团队的运行是协调的,但在项目完成过程中团队运行却并不一定高效,同样也会存在松散的运行特征。

这次组建创新团队的过程中,我就发现创新团队里的20个老师,基本上把医学院的这些所谓的领导和专业主任都捆绑进来了,我在分活儿的时候根本分不下去,以前我没有觉得行政管理职务对我的专业工作有影响,但是创新团队申报下来以后,我就发现没有行政管理职务太难了。我问了一下学前教育专业,G校长是主持人,可下面真正落实的全部是W院长,但是我们医学院不行,到目前为止我对创新团队最大的感受就是,没有行政管理职务你说的话都不管用,我指挥不了任何一个人。(A—Z—2)

因此,项目执行过程中团队的运行状态与项目负责人的身份具有一定的关系,如果项目负责人具有一定的行政管理职务,他便可以动用行政权威去带领团队成员完成项目化任务;如果是一名普通教师且缺乏相应的行政权力,那便很难在项目执行过程中带动团队成员去积极完成项目化任务。当前政府对学校的考核评价以及学校对二级院系的考核评价都较为注重项目申报的结果,对项目执行过程缺乏足够的关注,项目执行通常很难再通过运用动员机制去完成,只能依靠常规性力量去完成,由于专业权威的遮蔽和基层教学组织的弱化,常规权力已经很难再去完成相关任务。

三、以"自我加压"为特征的内部运行调控机制

从专业教学团队内部运行调控机制来看,小团队负责人是团队运行的"掌控者",在相关项目的获取上通常积累了较为丰富的经验,团队负责人在团队运行方向以及团队成员任务分工上具有较高的话语权力,是整个小团队的"灵魂人物",他能够较好地协调团队内部成员之间的分工协作,其他团队成员在共同的目标下通常也会积极配合。

我们做技能竞赛,团队负责人的话语权蛮大的,尤其是拿过一等奖的教师,别的教师对他就比较服气,因为大家有共同的目标,而且拿奖对大家都有好处,所以能够做到齐心协力,心往一处想,劲往一处使。(G—Z—1)

为了能够获取项目而临时组建的项目化小团队在运行过程中,团队负责人能够较好地发挥自身的影响力,其自身的意志不仅能够有效传递给团队内部的其他成员,而且团队成员通常能够自觉主动地完成相关工作任务。之所以团队负责人能够在项目化小团队的运行中发挥较好的影响力,主要有以下几个方面的原因。

其一,项目团队负责人通常是专业教学团队中的佼佼者。项目团队在组建过程中,团队负责人的遴选一般都是专业教学团队中综合能力较强的骨干教师,这些教师具有丰富的教学经验和多年的教学改革经历,通常已经参与过一些教学改革创新项目,或者已经牵头在一些项目竞争中取得过较为优异的成绩。因此,项目团队负责人一般在资历、能力和阅历上都要强于团队中的其他成员,在团队内部具备一定的专业权威,能够对团队成员的业务能力提升给予一定的帮助与指导。通过问卷调查显示,超过90%的教师能够在完成项目化任务时配合项目负责人的调配(图5-7)。

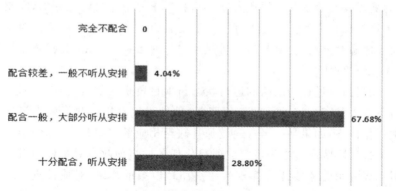

图 5-7 项目化任务下教师配合项目负责人工作的服从程度

其二,项目团队负责人具备和事权相匹配的人、财、物权力。为了保证项目化小团队能够较好地运行实施,学校一般会赋予项目团队负责人一定的人、财、物权力,这些权力的赋予在一定程度上保证了团队负责人能够较好把控团队运行的方向。比如,团队组建的权力就是一项十分重要的权力,团队负责人通常在团队组建上具有较高的话语权力,选择哪几名教师组建团队通常具备一定的决定权。除了具备团队组建的权力外,在奖金的分配以及相关资源的调动上学校或院系会赋予团队负责人相应的权力,这样就保证了团队负责人能够将自己的意愿较好地贯彻到团队运行过程中。通过问卷调查显示,超过90%的被调查教师认为项目负责人在完成项目教学任务时的权力较大,能够影响带动项目团队成员完成项目化任务(图 5-8)。

其三,项目团队负责人和团队成员具有共通的利益基础。项目团队负责人和团队成员之间具有共通的利益基础,项目获取的成功不仅能够为项目负责人带来物质激励、荣誉和职称评审的优势,同样会给团队其他成员带来利益收益。因此,共同的利益基础决定了团队成员在共同的发展目标之下能够结成紧密的利益共同体,团队成员一般会积极地配合团队负责人,从而具有较强的利益动机完成项目化任务。由于项目化任务普遍受到领导的关注,在利益驱动和外部压力驱动的共同作用下,团队成员都会进行自我加压。

四、以"层层关注"为内核的外部运行调控机制

项目化任务不仅是团队内部成员的任务,团队在组织运行过程中会受到上级各层领导的关注,越是层级高的项目,受到领导的关注就越多,学校所调动的资源范围就越大。前文提及,项目获取是高职院校在同其他院校竞争中的关键指标,是

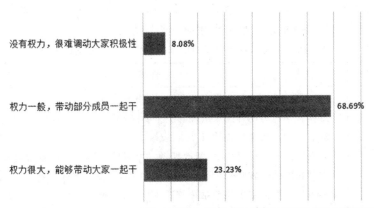

图 5-8　项目化任务下项目负责人权力大小示意图

高职院校在整个高职教育场域中获得优势位置的关键。因此,高职院校为了能够在竞争日益激烈的锦标赛中取得优势地位,不得不围绕"是否有利于项目获取为准绳"对高职院校内部制度进行调整,充分调动二级院系、教职员工在追求项目上的积极性与主动性。

从团队运行的外部调控来看,项目获取作为学校办学质量的主要依据,各级领导都会积极关注,甚至在一些国家级项目的获取上,校级领导也会参与到项目团队的运行过程之中,全程进行跟踪指导。项目化团队通常可以获得组织提供的相关支持,越是级别高的项目,越是能够获得组织在人、财、物等方面的支持。为了保证项目获取成功,团队成员甚至可以在各级领导的默许下牺牲常规教学,将时间精力集中在项目获取上。

首先,从学校对院系的绩效评价来看。高职院校为了能够提高二级院系对项目获取的重视程度,在绩效考核评价体系的构建过程中通常会将项目作为考核评价二级院系办学水平的关键核心指标。比如在目标责任制考核制度的构建上,项目获得的多寡和层级高低已经成为院系是否能够在竞争中获得优势的关键。如表5-10所示,通过对某高职院校对二级院系目标责任考核的内容来看,项目成果都占据着较大的权重,在绩效考核指标体系中,专门设置了标志性成果(项目成果)一栏,该栏的内容包括了"获省级教学成果奖最高奖1项(3分)""获教学能力比赛国家级一等奖1项(3分)""获批国家级课程或教材2项、省级2项(2分)""立项国家级科研项目、教改课题、'互联网+'大赛、产教融合基地或项目、教学创新团队或教师荣誉、试点专业等1项,省级2项(2分)",除此以外,还包括了学生技能竞赛和论文发表等内容。每个项目都会赋予相应的分值,年终时学校进行统一的绩效考核,并且二级院系会进行全校排名,考核结果与学院的绩效奖金额度以及院系领导的考核直接挂钩。因此,在考核指挥棒下,各二级院系对各种项目普遍较为重视,在学校奖励基础上,二级院系也会出台相应的奖励办法。

表 5-10　某高职院校对二级院系标志性成果考核的分值设定

二级院系	标志性成果分值
机电工程学院	1. 获省级教学成果奖最高奖 1 项;(3 分) 2. 获教学能力比赛国家级一等奖 1 项;(3 分) 3. 获批国家级课程或教材 2 项、省级 2 项;(2 分) 4. 立项国家级科研项目、教改课题、"互联网+"大赛、产教融合基地或项目、教学创新团队或教师荣誉、试点专业等 1 项,省级 2 项;(2 分) 5. 每承办 I 类学生技能竞赛省赛 1 项,获国家级一等奖 1 项;无省赛承办则排行榜赛项获国家级奖项 1 项;(1 分) 6. 在教育类核心刊物上公开发表论文 1 篇。(1 分)
建筑工程学院	1. 申报省级教学成果奖 1 项,且校级推荐排序进入前 60%;(3 分) 2. 获教学能力比赛省级奖项 1 项;(3 分) 3. 获批国家级课程或教材 1 项、省级 1 项;(2 分) 4. 立项省级及以上科研项目、教改课题、"互联网+"大赛、产教融合基地或项目、教学创新团队或教师荣誉、试点专业等 1 项;(2 分) 5. 每承办 I 类学生技能竞赛省赛 1 项,获国家级一等奖 1 项;无省赛承办则排行榜赛项获国家级奖项 1 项;(1 分) 6. 在教育类核心刊物上公开发表论文 1 篇。(1 分)
商学院	1. 获省级教学成果奖 1 项;(3 分) 2. 获教学能力比赛国家级奖项 1 项;(3 分) 3. 获批国家级课程或教材 1 项、省级 2 项;(2 分) 4. 立项省级及以上科研项目、教改课题、"互联网+"大赛、产教融合基地或项目、教学创新团队或教师荣誉、试点专业等 2 项;(2 分) 5. 每承办 I 类学生技能竞赛省赛 1 项,获国家级一等奖 1 项;无省赛承办则排行榜赛项获国家级奖项 1 项;(1 分) 6. 在 14 种教育类核心刊物上公开发表论文 1 篇。(1 分)

ZY 学院今年如果说拿到全国教师教学技能竞赛一等奖,一比一配套,学校给什么学院再给什么,技能竞赛一等奖,学校给 8 万学院再给 8 万。(E—Z—1)

其次,从学校、二级学院对专业的绩效评价来看。专业不仅是课程的组合,同样也是高职院校人才培养的基本单位,是组成二级院系的基本构成单元,高职院校的改革发展理念以及办学目标最终都要依靠专业来实现。高职院校以及二级院系对专业的绩效考核有多种方式,二级院系对专业的绩效考核主要包括了目标责任制考核、学校对专业的绩效排名以及分层、专业建设的动态优化调整机制等。无论是何种考核评价方式,项目获取都是绝对的核心关键绩效指标。比如某高职院校在对院校内部的专业进行分层时的主要依据就是项目成果,该指标体系共包含了十个方面,分别是高层次人才、高层次办学试点、高级别教学成果奖、高层次课程教材项目、高层次教改项目、高级别教师竞赛、高端产教融合平台、高层次科研项目、高级别学生竞赛、高层次平台特色经验推广。基于不同专业在以上十个关键指标上的项目获取情况将专业分成了四个层次,不同层次专业在高层次人才引进、建设经费、项目获取名额等方面存在着较大差异。

在项目的制度重构之下,高职院校项目化团队的运行已经不再局限于团队内部,学校管理者、院系管理者同样会借助多样化的方式积极参与到团队的运行中,甚至为了帮助项目化团队达成项目获取的目标,学校、院系会在资源投入、业务指导、外围咨询等多方面积极介入项目化团队的运行。

首先,学校以及院系管理者会为项目化小团队的运行提供多样化支持。为了能够帮助项目化小团队获取高层次的项目,学校以及院系管理者会为项目化小团队的运行创造良好的运行支撑环境。比如,在资金以及物质上会优先投入,尤其是一些竞赛类项目所需的比赛设备,通常都会积极支持。除了在资金、设备等物质资源上积极支持团队运行外,还会在制度规定上为其开"绿灯",比如可以减免课时量,不参加一些常规性的会议,甚至默许教师不参加一些常规性的教学活动。通过资金投入、设备投入及制度调整等多个方面为项目化小团队的运行创造良好的运行环境。学校支持项目化教学小团队的力度如图5-9所示,学校支持项目化任务完成提供的多样化举措如图5-10所示。

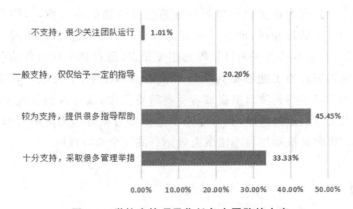

图5-9 学校支持项目化任务小团队的力度

比如这个教学能力比赛,学院会举全院之力为比赛让路,参加这些比赛的老师,常规的教学活动和会议可以不参加,常规性的东西也可以缓一缓。(B—M—1)

其次,学校以及院系管理者还会积极参与到团队内部的运行之中。在一些重

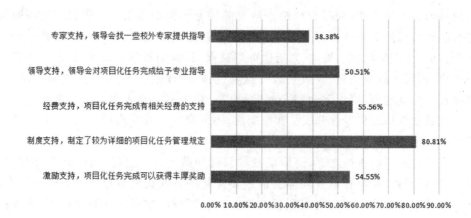

图 5-10　学校支持项目化任务完成提供的多样化举措

要的项目竞赛上,学校以及二级院系主管特定项目的分管领导会积极地介入并融入项目化团队的运行过程之中,亲自参与相关文本的撰写与修改,甚至直接代替项目负责人掌控团队的运行。因此,项目化团队的运行不是一个封闭的环境,学校以及院系领导会通过多种途径与方式积极介入团队的运行过程之中,各级领导都会动用自身的权力、资源和智力来为团队的有效运行保驾护航,从而确保获取高级别项目。

最后,学校以及院系管理者还会聘请校外专家加入团队之中。聘请校外专家对项目申报书进行修改完善,对竞赛项目咨询指导是学校支持小团队运行的一个十分重要的途径。因为很多项目申报存在着信息资源的不对称,一些专家由于常年聚焦于某一特定项目领域,而且经常作为评审人对项目进行评审或参与竞赛的评委工作,虽然专家不具备该项目领域的相关知识,但对整个项目评审的流程以及评审信息较为熟悉。为了能够提高项目申报的成功概率,学校以及院系通常会聘请校外的知名专家参与到项目申报或者竞赛筹备之中,从介入的程度不同来看,既有项目申报书文本层面的修改,也有专家全过程参与项目小团队的运行,专家作为重要的"外脑"资源是推动项目小团队有效运行的一个重要保障。

小结

项目化任务是高职院校提升办学竞争力的重要抓手,也是当前政府、社会评价高职院校办学实力的主要依据。通过对高职院校专业教学团队在完成项目化任务时的运行情况考察,高职院校专业教学团队在运行过程中呈现"小团体"运行状态。从高职院校专业教学团队运行动力来看,尽管不同类型教师在完成项目化任务时的动机会随着时间因素和个体因素的不同而呈现出一定的差异性,但高职院校为了能够激发教师参与项目教学任务的积极性已经建立了全方位的激励体系。从高职院校专业教学团队运行的协调机制来看,在小团队范围之内,项目负责人能够较好地将任务分配给团队成员,团队成员在协作过程中基本能够做到无障碍沟通和高效协同。从高职院校专业教学团队在完成项目化任务时的内部协调机制来看,项目负责人作为团队负责人应拥有足够的影响力来对团队成员产生影响。从高职院校专业教学团队在完成项目化任务时的外部协调机制来看,高职院校为了能够激发项目化小团队完成项目化任务的积极性,使用了多种管理举措和制度手段来激发教师的积极性。

第六章　高职院校专业教学团队运行的个案研究

　　前文通过问卷调查和访谈调查对高职院校专业教学团队运行的基本现状进行了客观呈现,可以发现高职院校专业教学团队在完成不同类型的教学工作任务时呈现出了不同的运行特征,在运行动力、运行协调、内部运行调控和外部运行调控上都呈现出了鲜明的差异性。然而,基于问卷调查法和访谈法的局限性,对高职院校专业教学团队运行现状及特征的呈现还较为笼统,缺乏对运行过程中细节的把握。因此,为了能够更为深入地了解高职院校专业教学团队运行过程中的特征和规律,本章研究内容采取个案研究方法,根据调研框架选取了三个典型个案开展研究。常规教学任务下高职院校专业教学团队研究选择了以教研活动为个案研究主题,项目化任务下高职院校专业教学团队研究选择了以金牌技能竞赛团队的组织运行为个案研究主题,专业建设任务下高职院校专业教学团队研究选择了以专业带头人队伍为个案研究主题,通过如上三个方面的个案研究试图更加深入地了解高职院校专业教学团队运行的基本现状。

一、常规教学任务下高职院校专业教学团队运行的个案研究

　　教师教研活动是以教学团队为主体,以解决教学实践问题和提升教学质量为目标的研究活动,是高职院校促进教学质量和传承教学文化的重要载体。随着近年来教研活动的不断发展,其内容已覆盖至教学问题揭示、诊断反思、策略提出、行动改进等多个方面,其活动的形式也日趋丰富,涵盖集体备课、听评课、公开课、师徒带教、教学教法探讨等多种类型,但同时教研活动也呈现出教研重心的泛化和失焦、教研活动的重术和轻道,以及教研评价的割裂和悬空等现实问题,为教研活动的深度发展带来了一定的阻滞。

(一)高职院校教研活动开展的价值与意义

　　教研活动是以教师间交流、互动和学习的方式实现教师教学技能提升的活动,据此教研活动被赋予了教师教学技能的生成与扩散、专业教学文化的传承与延续、专业教学智慧的增强与积累,以及教学变革的推动与发展等多种功能和价值,为推动教师个人和团队的发展起到了积极的作用。

　　(1)教师教学技能的生成与扩散。高职院校教研活动赋予了教师双重的职责

和意义。首先,教研活动是教师提升教学能力的有效途径。教研活动将观摩、讨论、诊断等多种方式融入"备课-讲课-作业批改"的全过程教学中,以期教师在参与教研活动的过程中对教学能力(如课程理解与实施能力,教学组织与把控能力,教学引导与教育能力以及问题的发现和解决能力等)进行全方位学习和提升。此外,教研活动的受众并不仅仅聚焦教师个体,而是参与活动的教师整体,使其能在活动中以他人为镜,反观自照,明晰自身教学能力的不足,提炼出常规教学中极易忽略的重要细节,突破个体认知的囹圄,在教师互动和反思自省中不断提高教学能力。其次,教研活动是教师扩散教学亮点和传播教学经验的有效途径。教师能力的高低除了受个人素养和自身学识的影响外,也较大程度地受到教学实践中所积累经验多寡的影响。资深教师教学亮点是历经岁月打磨后的沉淀,是教学理论和教学实践相互融合的优秀成果,其操作性和功效性一般高于纯粹的理论总结。这些闪光点需要借助教研活动得以进一步流通和扩散,让更多的教师能够通过教研活动汲取知识养分,弥补自身教学能力的不足,更好地发挥教师的自我角色,最大化实现教学意义和价值,从而惠及更多的学生。

(2)专业教学文化的传承与延续。专业教学文化是专业发展过程中,在高职院校教师团队整体的努力和经营下,逐渐构成的教学智慧以及教学风气的综合体。优秀的教学文化对于教师个体不仅有着规范指引和促进成长的作用,更为教师发展提供了良好的团队氛围。教师团队通过团队成员"互帮互助,相互借鉴"的文化传承,为教师教学技能的提升打造出更高效和优质的上升通道,从而较大程度地避免了教师发展过程中走弯路、走错路的情况。例如在日常的教研活动中,将汇聚历代教师心血的教学理论和实践技能,通过师徒带教、听评课等多种载体,重新赋能于新教师和年轻教师的体内,使原有教学实践理论体系在不断延续的同时,又在反复打磨中进一步充盈和完善,致使专业整体教学智慧持续发展的良好态势,从而孕育出更多优秀的教师个体。此外,在教研活动中受教师团队教学风气影响,教师间更易形成良好的互动氛围。在相互协助的过程中,既充分发挥优秀教师的个人优势,又充分挖掘青年教师的个人潜力,在相互学习的过程中,取长补短,共同推动专业前进,为进一步凝聚专业教学教风的内在精神起到了重要的支撑作用。

(3)专业教学智慧的增强与积累。教师对专业课程理解的课程观、对专业知识认知的知识观,以及对专业教学解析的教学观,这些观念都是指导教师教学行为的理念根基。这些观念的构建和形成不仅源自传统的教学理论,还受到教师自身文化素养、个人学习能力等诸多主观因素的影响。而主观因素对其影响又必然造成教师个体教学理念的局限性。教研活动是以专业教学团队为依托,汇集和积累教师个体的教学智慧的一种活动形式,最大限度地弱化因个人主观因素对专业教学理念和体系的负向干扰,最大限度地完善和修补了个人教学理念所存在的缺陷。

同时,在教师相互沟通、合作的过程中,教师个人的教学智慧从"私有"走向"共享",教学智慧在专业教学团队中不断完善,最终形成较为科学、合理的教学理论体系,并逐渐概念化,成为教师个人和团队发展的重要智力支撑。

(4)教学变革的推动与发展。一方面,近年来,为了推动职业教育向高质量发展,国家和高校都相应出台了各种类型和层次的"自上而下"的教学改革方案。这些教改方案的最终落脚点都建立在基层专业之上,据此,专业以教研活动为抓手,充分调动团队的全部力量,对教学改革方案进行深入地解读和探讨,并根据专业自身情况加以调试,制定出翔实可靠的执行方案以确保改革方案的最终落定。另一方面,在"自下而上"的教改方案中,专业作为发起者,以解决教学中的实践问题为导向,通过专业教研活动"发现问题-提出策略-改进策略-解决问题"流程的不断重复,逐渐形成一套较为成熟的教学实践理论体系,并反馈至学院在学校或更高层面得以推广。由此看出,无论是"自上而下"抑或是"自下而上"的教学变革中,教研活动一直发挥着"承上启下"的作用,在"上下对话"的变革中作为落实教学改革的重要保障和探索新型教学变革路径的有效依据与重要支撑,是高职院校推动教学变革不可或缺的存在。

(二)个案研究设计

为了厘清高职院校教学活动的现状、问题,以及剖析蕴含在其背后的深层次原因,本研究采用个案研究法,选取多所高职院校不同专业的专业负责人、骨干教师和初任教师,个案样本的取样遵循"目的性抽样"原则,选取具备典型性和代表性的案例。本研究取样的标准:选取的专业有定期或不定期展开专业教研活动经历;专业负责人有组织和开展专业教研活动的经历;骨干教师和初任教师有参与专业教研活动的经历。基于以上原则,本研究选择了东、中、西部各一所具有代表性的高职院校的酒店管理、云计算与大数据、电子商务、汽车检测与维修等十个专业的专业负责人、骨干教师、初任教师作为访谈调研对象。(表6-1)

表6-1 受访者信息一览表

编码	岗位	专业
A-Z-4	专业负责人	酒店管理
A-Q-1	初任教师	早期教育
A-G-3	骨干教师	电子商务
B-Z-2	系主任	通信工程
B-G-1	初任教师	云计算与大数据

续表

编码	岗位	专业
E—Z—4	专业负责人	商务英语
E—Z—5	专业负责人	工艺美术
F—Z—1	专业负责人	服装设计
F—Z—2	专业负责人	精细化工技术
F—Z—3	专业负责人	汽车检测与维修

在问卷调研法收集了大量的样本和基础信息后,进一步聚焦常规教学任务下教学团队运作的现状,采用访谈调研法进一步深挖其背后潜藏的原因。基于研究分析框架,对受访者进行半结构式深入访谈。基于文献梳理、现象观察,列出访谈提纲包含了访谈提示语、访谈对象基本信息和访谈问题三个基本板块。访谈前与受访者提前商定访谈的时间、地点,准备访谈工具,征得受访者同意。访谈过程中有2名成员参与,1人按照访谈提纲对受访者进行面对面访谈,通过引导或暗示性提问鼓励受访者表达真实想法;1人负责录音、观察并记录受访人非表情信息,并及时核对重要信息。访问时间为25~40分钟,问题提问的顺序依据访问情景的不同进行适当调整。

(三)高职院校教研活动开展的基本现状

从调研走访中可以发现,教研活动虽然在基层教学团队中有着悠久的历史和广泛的教师基础,但在发展过程中也逐渐呈现出教研重心的泛化和失焦、教研过程的重术和轻道,以及教研评价的割裂和悬空等现实问题。

1. 教研重心的泛化和失焦

教研活动设立的初衷是希望教师在学校或专业组织的教研活动中通过相互交流和探讨,共同解决教学中出现的问题,以实现教师整体教学水平的提升。从其设立的初衷来看,教研活动的教学属性要远高于行政属性。传统教研活动从内容上主要聚焦于课程备课、课堂教学、学生毕业设计指导等,后来又逐渐融入了专业建设的相关内容(如人才培养方案修订、课程建设和标准制定等),但随着高职院校的发展速度进一步加快,教学活动的功能和内涵也呈现出更大的包容性。教学团队作为高职院校中的基层教学组织,其教研活动的内容仅满足教学和团队自身发展的需要显然已无法适应学校的发展要求,它必须同时承载上级组织(如学校和学院)的各项常规教学以外的工作任务以达到学校的预期目标。教研活动作为教学团队工作中的一种主要的沟通和交流形式,其职责和内涵也随之不断得到补充,成为一个内容更为多元的基层教学活动。

专业教研活动计划是专业教研活动的行动纲领,为教研活动的方向和主题指明方向。因此,对专业教研活动计划的调研也能窥视出教研活动在真实场域下的工作重心及运行概况。表 6-2 是 2021—2022 学年某高职院校××专业教研活动计划,其对 2021—2022 学年第二学期的教研活动内容、序位做了清晰的规划和安排。从活动的主题来看,与常规教学任务相关的活动有企业调研、专业思政课程建设和申报、人才培养方案探讨、教学反馈、教材备选和学生毕业环节任务布置 6 个方面,共 10 次,不足全部教研活动数量的 50%。而在这些现有的活动中,真正涉及教学技能提升的活动只有教学反馈和课程思政汇报共计 3 次,不足总体活动数量的 15%。此外,从问卷调研的数据来看,高职院校召开教研活动的频次也普遍较低。由此可见,教研活动原本以提升教师教学技能为核心的职责已逐渐被取代,大量行政化和项目化的任务涌入教研活动的常规活动中,如学生技能竞赛和学院规定内容(学院行政事务性工作)。然而,这样的教研活动规划设计在高职院校中并不是个例,而是高职院校教研活动一种常态。教研活动作为教师提升教学技能的最主要和最重要的途径之一,其内涵和重心的失焦势必会对教师教学技能的提升造成直接和显著的影响。此外,这种由于外部环境和组织而被迫产生的教研活动意义的泛化也潜移默化地影响着教师对教学的行为、态度,甚至是认知发生改变,让其错误地认为常规教学任务和提升教学技能已不再是教师工作的核心内容,而这种改变也终将对学校整体的教学质量和人才培养质量造成负向影响。

表 6-2 2021—2022 学年第二学期××专业教研活动计划

月份	序号	活动主题
二月	1	企业调研阶段反馈
	2	专业任务布置
	3	专业思政和课程思政任务布置
三月	4	专业课程团队整合及工作计划
	5	学生技能竞赛备赛研讨
	6	课程思政申报动员
	7	学生技能竞赛专家指导
	8	学院规定内容
四月	9	学院规定内容
	10	企业调研收尾研讨
	11	技能竞赛汇报展演
	12	**课程思政汇报(课程模块 1,课程模块 2)**

续表

月份	序号	活动主题
五月	13	人才培养方案研讨、教学反馈
	14	期中学生座谈会
	15	学院规定内容
	16	**课程思政汇报（课程模块3,课程模块4）**
	17	教材备选讨论
六月	18	期末学生座谈会
	19	毕业环节工作任务布置
	20	学院规定内容
	21	**课程思政汇报（课程模块5,课程模块6）**

注：粗体字内容为涉及常规教学任务的教研活动。

高职院校专业教学团队教研活动每学期的频率如图6-1所示。

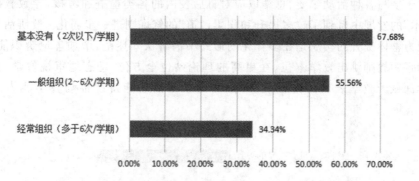

图6-1 高职院校专业教学团队教研活动每学期的频率

2. 教研过程的重术和轻道

教研活动的最终目标是凭借其研究属性，总结和提炼出引领和指导教师教学技能提升的理论方法，为教师一线教学能力的提升提供理论支撑。为了实现这一目标，高职院校展开了各种类型丰富的教研活动，以期通过更多元的方式探寻提升教师教学能力的方式和方法。常见的教研活动方式主要有听评课式、说课式、经验交流式、教学比武式、教学研讨式等。其中，听评课式和说课式是最为传统的教学活动，通过教师陈述教学设计、重点、难点、方法等进行评课，以点评、指导的方式改进教学中的不足之处，完善教学计划和教学方案，让教学团队的所有教师都从中获益。经验交流式则更具针对性，其侧重点是交流教学中的问题和难点，教师通过分享彼此的经验，找到最佳的解决方式，突破教学中的难点和瓶颈。教学比武式则是希望通过竞赛的方式进一步提升教师,特别是优秀教师的教学能力,以发挥其在团队中的示范引领作用。教学研讨式是通过教师之间互通有无,达到资源优化,形成教法集成。这些教研活动各具特色,相互补充,构建了日益丰富和立体的教研活动的"术"之构架。"术"是实现教研活动目标的操作工具、手段和方式,是围绕"如何做"模仿练习达到的形式上的符合,教师在教学过程中借助"术"提升教学技能以适应当前教学要求。但"术"之存在最终是解构教学理论基础即"道"之载体,离开了"道"这一主体,它便失去了意义。然而,高职院校在发展的过程中,对教研活动的"术"之追逐日益热烈,而对"道"之探索却日益淡化。许多院校甚至将采用新类型教研活动视为提升教学能力的突破口和创新点,而忽略了教研活动的本质和内涵。这一现象致使许多教师对教学能力的学习始终停留在形式的模仿层,对教学内部深层次的原理和规律缺乏理性认知,从而无法最终构建自身的教学核心能力,致使许多教师对教研活动的质量颇有微词(图6-2)。同时,这种"重术轻道"的教研方式也严重阻碍了教学团队在常规教学上的高质量发展。许多基层教学团队顺应学校要求开展各种类型的教研活动,但其最终目的并不是着力于提炼教学原理内涵,而是忙于撰写各种活动纪要、总结以应对日后校内的各类检查和考核,导致教研活动在"术"的发展中得到了较多提升和积累,"道"的修炼则进一步弱化。教研活动中教学能力整体提升的实质是在多样化的形式中消解认知迷茫,增加理论辨识能力,指引和带领教师跳出教学本位,在更高的理论站位全方位、动态地审视教学,剖析和解读深藏于教学表层的内在机理,这才是教研活动能持续推动教学能力之根本所在。

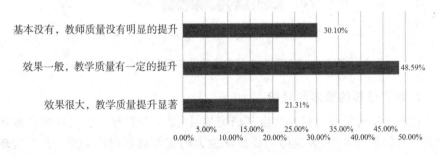

图6-2 教研活动的总体效果

专业开展各式的教研活动帮助教师提升教学技能,大家统一了教学方法、教学内容,但对背后的原因却并没有完全理解和消化。(A—G—3)

3. 教研评价的割裂和悬空

教研评价是实现教研活动目标和保障教研活动质量的重要方法和手段。但在调研走访的过程中,教研评价所呈现的割裂和悬空的现状非但未能为教研活动的进一步发展带来保障,反而成为其发展道路上的阻滞。"尽管不同的主体于教育现场的距离远近不同,但在评价这一领域却有惊人的相似,那就是均站在教育过程之外,主要以教育结果的状况为依据对教育整体进行判定。"①这是刘庆昌教授对现有教研评价的客观评述。而高职院校在对教研评价的过程中过度关注单次教研或整体教研活动的结果,而忽视对教师在此过程中的发展性评价已成为当前教研活动评价中不争的事实。学校会定期或不定期对单次教研活动进行评价,评价标准一般围绕教研主题、教研过程和教研结果进行展开。这种评价方式将单次的教研活动与整体的教研活动完全割裂开来,以单次教研活动这个点作为考察和评判教研活动整体的对象,忽略了教研活动之间的关联性和连贯性,也忽视了教师个体从教研活动中获取的教学能力提升并不是一蹴而就的,是一个动态和发展的线性过程。因此,这样的考核机制显然不符合教研活动的发展规律,也极易驱动基层教学团队的教研活动以实现短期的目标为宗旨,以单次教研活动这个点为目标对象开展活动设计和组织,限制了教研活动点与点之间因相互作用而产生的纵深发展。此外,孟凡丽教授指出"有效地教研不但是能够发现学校教育教学问题的研究,更应当是问题解决和引起教育教学水平质量提升和进步的教研"②。

教研活动不仅是发现问题的工具,更应是解决问题的有效方式,而据此产生的评价也应围绕这两个核心要点进行考核。加之,评价的终极目标"在于推动发展与促进进步",因而评价教研活动中找到疏通和解决教学过程中受到的阻滞的方法相较于评价活动中发现教学中的问题更具意义。然而,目前高职院校对教研活动的评价依然主要集中在"完成性"的评价,即仅对教研活动是否开展进行评价,而对教研活动最终结果是否科学有效却鲜有评估。其关键问题在于相较于"完成性"评价、"问题解决"评价的专业程度、评价难度以及评价成本都要高很多。"问题解决"评价通常需要同时具备过硬教学能力和专业能力的人员对其进行综合分析和判断,有些高校和专业的教师并不具备这样的能力,还需从校外找寻这类专业人士,进一步增加了"问题解决"评价的难度。在"问题解决"的评价构建上还需从问题解决的方法、问题解决的成本以及问题解决的效果等多个维度全面和综合地对教研活动解决问题的能力进行客观评价,从而保障教研活动能健康有序地发展。

学校有对单次教研活动的考核和评价,但是整体的考核据我所知应该没有。(A—Z—6)

---

① 刘庆昌.一种弱功利的教育评价哲学[J].教育发展研究,2018,38(12):1-11.
② 孟凡丽,魏宝宝.学校教研的价值厘清、问题透视与改善路径[J].当代教育与文化,2019,11(4):22-32.

(四)个案研究的结论及讨论

基于对高职院校专业教学团队教研活动的调研分析,可以发现"形式大于内容"的教研活动正在逐渐失去其本身的价值和作用,隐藏于这一现状背后的原因主要有以下三个方面。

其一,在理念层,缺乏对教研活动价值的深刻认知。高职院校专业教师团队在学校的发展演进中始终扮演着重要的角色,它是学校各项变革的主要支撑力量。因此,高校大多数的任务和改革的落脚点都是基于专业教师团队进行开展的。在任务多样化和基层化的大背景下,专业教师团队不得不担负起学校和学院所赋予的各项使命,而教研活动作为专业定期开展的团队活动也逐渐成为团队"上传下达"的主要工具,失去了其原有的功能和价值,这从教师团队的教研活动计划中也可窥见一斑。在高职院校追逐项目化和任务化日趋旺盛的今日,这种现状并没有引起学院和学校的重视,甚至在一定程度上获得学校的默许而逐渐成为高职院校教学团队教研活动的常态。由此可见,高职院校无论是上层的管理部门,还是基层的教学团队对教研活动的重要性还缺乏深刻的认识,使其在高职院校的发展中逐渐失去原有的内涵和价值。

其二,在执行层,缺乏贯彻教研活动价值的有效引导。高职院校对教研活动价值的贯彻引导主要依赖于两种方式。一是外部环境给予的拉力,即学校通过考核的方式引导教研活动在专业教学团队的运行中处于其期望的位置,发挥其应有的功效。当前,高职院校通过项目化任务获得资源的方式日益普遍,项目化任务也已然成为高职院校日常工作中最为核心的内容,教研活动作为常规教学的一种类型也逐渐被边缘化。因此,教研活动的考核方式也逐渐从形式上的"做了吗?"和"用什么方式做的?"取代了"做得好不好?""做得怎样?",使其在发展过程中走向了"术"的积累,而偏离了"道"的提炼。二是内部组织给予的推力,内部的推力主要是指教学团队专业带头人在教研活动中所发挥的作用。一方面,由于教学能力的提升是一个复杂、系统的过程,它要求专业教学团队的负责人具有较高的站位,既要从教师个体(如专业素养、文化素养、学习能力等个体)因素出发,又要充分考虑专业教师团队教学能力整体的发展布局,还需紧密结合教学发展的整体趋势(如数字、信息技术)在教学上赋能来整体布局教研活动规划。因此,在实践过程中,大多数的教学团队仅凭负责人一人的力量是无法进行高质量的统筹和规划的。另一方面,项目化任务占据了专业带头人大部分的时间和精力,也使专业带头人无暇顾及教研活动质量和内涵的提升。自此,由于外在引导的偏移和内在能力的不足,致使教研活动在实践过程中长期缺乏有效地引导,致使其未能发挥其真正的功效。

其三,在政策层,缺乏保障教研活动价值的政策支撑。教研活动作为历史最为悠久、效能最为直接的提升教师教学技能的一种基层教学活动,却长期没有相关保障其发挥价值和功能的政策支持。一方面,对于教学团队,由于缺乏相关配套政策的支持,教研活动通常无法得到相关经费支持和资源配置,致使专业教师团队在教研活动的开展过程中始终缺乏落脚点,在实际执行的过程中高层次的目标难以实现,出现的问题也难以得到解决的现象非常普遍。另一方面,对于教师个体而言,虽然教研活动对其教学能力的提升有显著的帮助,但教师在教研活动上的投入对其职称和职位的晋升上并无必然联系,这也驱使大部分的教师向更能提升个人事业的任务靠拢,进一步降低了教研活动在专业教师团队中的认可度。

二、项目化任务下高职院校专业教学团队运行的个案研究

全国职业院校技能大赛是教育部联合天津市人民政府、工业和信息化部、财政部、人力资源和社会保障部、住房和城乡建设部等23个部门与组织共同举办的一项全国性职业教育学院的学生竞赛活动,大赛于2012年首次举办,经过多年努力,大赛已经发展成为专业覆盖面最广、参赛选手最多、社会影响最大、联合主办部门最全的国家级职业院校技能赛事,是中国职业教育界的年度盛会,也是检验职业教育育人成效的"试金石"。通过举办该项赛事改善了职业教育的外在形象,并提升了职业教育的社会声望和吸引力。正是因为该项赛事在整个职业教育领域的重要地位,在全国职业院校技能大赛上获得好成绩成为众多职业院校办学的重要目标,因为获取好的竞赛成绩不仅能够提升学校的知名度,也从侧面反映了该校人才培养的质量水平。全国职业院校技能大赛声名日隆,已经成为各院校竞争的"比武场",高职院校为了能够在"技能大赛"上取得优异成绩,纷纷在校内采取了一系列重要的制度举措和激励措施来调动组织资源去获取优异竞赛成绩。本部分研究以某一高职院校的竞赛团队为个案,系统深入地了解该团队在运行过程中的主要特征,即团队如何组建、团队内部成员如何相互协作、学校对团队运行施加了哪些重要影响。

(一)全国职业院校技能大赛情况简介

近年来,国家十分注重发挥职业院校技能大赛在推进职业教育改革发展上的促进作用,不断完善大赛办赛模式,推进赛教融合,以赛促教,不断深化职业院校人才培养模式的改革。以2021年全国职业院校技能大赛为例,对全国职业院校技能大赛的组织运行情况进行简单的介绍。本届大赛自2021年5月20日起至7月21

日结束,历时63天,比赛过程安全有序、平稳顺利。本届大赛共有27个省、市、自治区承办赛项,赛区覆盖全国主要地区,32个省、市、自治区和新疆生产建设兵团的参赛代表队都有获得奖次。①

1. 赛项管理体系

全国职业院校技能大赛已经形成了"四纵四横"的管理格局。"四纵"是指制度规范体系、组织保障体系、安全廉洁体系和运行机制体系。"四横"是指国赛、省赛、校赛三级大赛竞赛体系、大赛数据资源体系、互联互通的大赛应用支撑体系和大赛业务体系。其中,大赛数据资源体系包括大赛的赛项规程赛题库、赛项专家库、裁判员库、监督仲裁库、承办校库、合作企业库、赛项成绩库等数据资源。大赛应用支撑体系涵盖大赛官网系统、大赛专家管理系统、大赛报名平台、大赛成绩系统和大赛评价应用等平台。大赛业务体系包括5大主要业务板块,有大赛标准管理、赛项管理、承办管理、比赛管理、赛后管理等内容。②

2. 赛项数量与结构

2021届全国职业院校技能大赛共设置了102个赛项,为历届之最。在赛项设置上,以职业院校开设面较广、在校生较多的专业为主体,以提升制造业核心竞争力和建设国家现代产业体系需要的专业和技术为重点,兼顾产业分布和新一代信息技术、高端装备制造、新能源、新材料等战略新兴产业发展需要进行设置。大赛涉及智能制造、高端装备、信息技术、新能源等新产业、新业态的赛项近50项,占全部赛项的50%。赛项大类按产业和专业分类进行划分,各赛项对应具体职业或岗位群。从产业占比分析,赛项大类对应的三次产业比重为7.7∶37.8∶54.5,赛项大类基本符合我国产业结构分布情况。本届大赛102个赛项覆盖了《职业教育专业目录(2021年)》19个专业大类中的15个,仅有食品药品、新闻传播、公安司法和水利4个大类未覆盖。③

3. 参赛情况

本届大赛共有来自全国32个省、市、自治区与新疆生产建设兵团的2930支参赛队、6572位选手和4690位指导教师参赛,510名专家、2632名裁判、306名监督仲裁员及1.5万余名志愿者参与赛事工作。其中,电子信息、装备制造、财经商贸类的参赛选手分别为1624、1173、1478名,为本届大赛参赛人数最多的3个专业大类。全国32个地区均派出参赛队的有以下赛项:农林牧渔大类的花艺(高职)、土木建筑大类的建筑CAD(中职)、建筑工程识图(高职)、交通运输大类的车身修理

---

①②③ 曾天山,陈斌,苏敏.以高水平赛事促进"岗课赛证"综合育人——基于2021年全国职业院校技能大赛分析[J].中国职业技术教育,2021(29):5-10.

(中职)、汽车机电维修(中职)、装备制造大类的焊接技术(中职)、电气安装与维修(中职)、汽车技术(高职)、财经商贸大类的沙盘模拟企业经营(中职)、电子商务技能(中职)、电子商务技能(高职)、旅游大类的导游服务(高职)、餐厅服务(高职)赛项。①

4. 比赛成绩

通过对本届大赛102个赛项的成绩进行统计分析,各专业大类的成绩汇总后平均分为66.95分,其中,文化艺术、医药卫生、轻工纺织、农林牧渔、旅游大类的成绩平均分较高,分别为86.09分、85.88分、72.05分、70.34分、70.01分;土木建筑、装备制造、电子与信息的成绩平均分稍低,分别为54.37分、49.8分、47.82分。本届大赛与改革试点赛的赛项成绩进行对比,赛项平均成绩提升了2.23分,本届参赛选手竞技水平较之2020年有了一定提高。②

(二)个案对象的选取及基本情况介绍

为了能够深入了解当前技能竞赛团队组织运行的基本现状,本研究选取了某所高职院校的"工业机器人技术专业"为典型个案进行深入剖析。该院校为国家"双高计划"建设A档学校,是目前高职教育界当之无愧的"领头羊",自参与全国职业院校技能竞赛以来,取得了十分突出的成绩。近五年来,该校学生在各类科技竞赛中获国家级奖项297项,2018—2021年全国职业院校技能大赛获奖197项,在中国高等教育学会公布的2016—2020年全国普通高校学科竞赛排行榜(高职)中位居全国第一。该校还创新性地提出了"赛教融合"创新人才培养模式,该模式把竞赛内容融入课程和课堂中,把竞赛理念渗透给教师、学生,把教学项目通过竞赛展现出一种创新型教学培养模式。在该模式的运行中,课程标准及教学方案不断完善,实现课程与社会需求的与时俱进;教师业务能力不断提升;学生通过拼搏斩获佳绩带来喜悦的同时,鉴赏能力、分析能力、艺术修养及创作能力也与日俱增。该校工业机器人技术专业为国家示范性高职院校中央财政支持重点建设专业、××省优势专业、××省特色专业、全国机械行业特色专业的机械制造与自动化"双高"专业群之一。目前专业拥有专任教师5名,实验员2名,其中副教授2人,博士学位教师3人。专业目前参与"机器人系统集成""工业机器人技术应用"与"机器视觉系统应用"三个技能竞赛赛项。

---

①② 曾天山,陈斌,苏敏.以高水平赛事促进"岗课赛证"综合育人——基于2021年全国职业院校技能大赛分析[J].中国职业技术教育,2021(29):5-10.

(三)金牌竞赛团队组织运行的基本过程

1. 金牌竞赛团队的组建

依托全国职业院校技能大赛,根据学生自愿报名组建"机器人系统集成""工业机器人技术应用"与"机器视觉系统应用"三个备赛小组,并以此为基础组建"智能制造"赛教融合班。每个备赛小组配备2名指导教师(主教练1名,副教练1名),并由2~3位上届竞赛获奖学生协助和6~8名大二年级学生组成。在基础集训阶段,三个竞赛组采用集中上课模式,主要提高竞赛学生的工业机器人编程能力、PLC编程能力、C语言程序设计能力与数控加工能力,再通过分组基础训练、全班提高集训,达到提高全班学生综合竞赛能力的目的,然后根据竞赛类别,按备赛小组进行专项训练。

每个备赛小组结对学习形成"教师-学长-学弟"师徒共同体,并通过以学长带学弟的方式实现新老队员的有机交替。指导教师主要任务是下达工程案例、任务要求、评价规则;上届竞赛获奖学生主要任务是在项目实践中互助解答指导知识疑点、分析改进方案优劣,竞赛学生根据任务要求,设计项目方案,搭建软硬件工作平台,展示实践成果。以"一学期一任务,一周一项目,一周一汇报"赛教融合运行机制开展实施,通过主题交流、作品验收、汇报点评等形式,培养项目团队合作精神,做到"会做、会说、会写、会教",在自主研发学习基础上合作探究,从而全面激发学生的创新能力。金牌竞赛团队组建示意图如图6-3所示。

图6-3 金牌竞赛团队组建示意图

2. 金牌竞赛团队的竞赛筹备

"智能制造"赛教融合班培养遵循"广参与、多淘汰、精竞赛"的培养原则,通过"全班基础集训→分组基础训练→全班提高集训→分组提高训练→竞赛题目模拟→拉练训练→竞赛冲刺"培养过程,培养学生综合技能。该班以培养学生自主研学、知识综合、创新设计、工程应用等能力为目标,以提升研究探索、创新思维、沟通表达、团队合作素质为重点,改革创新基于项目教学的人才培养,设计分层递进的课程教学体系与师徒结对的"赛教融合"研学实践模式,使学生从被动的知识接受者向主动的知识获取者、知识探究者转变。"智能制造"赛教融合班采用自主报名、多轮筛选的方式完成。其中,报名方式包括(但不局限于)授课教师推荐、学生自荐、班主任推荐、主教练直选等,并在完成第一轮报名后,由赛项主教练及指导教师根据学生学业成绩、班主任意见等因素进行筛选形成第二轮名单,进而由主教练组织面谈筛选,完成组班。

"智能制造"赛教融合班采用优秀师资授课、老队员指导、主教练集训的班级教学模式,实行分阶段动态考核排名,累计积分排名前6位的学生获得学院技能竞赛选拔赛的参赛资格。授课、指导和集训时注重基础知识的拓展、综合理论的提高和竞赛题目的挖掘,实施"理→训→赛"一体化教学,提升学生的理论能力、实操能力和综合应用能力。同时,在"智能制造"赛教融合班中实行项目导师制和学分认定制,未获得选拔赛资格的学生可以将竞赛训练转化成项目制成绩,或通过认定同专业相关课程的成绩。

采用分阶段办法进行学分认定,第一学期完成学生可任选与竞赛内容相关的两门课进行学分认定。赛项指导老师出题,通过能力测试方有资格进行学分认定。通过的学生,赛项指导老师根据各个学生的实际能力进行打分,制作学分认定表,交领导签字确认生效,再由学生本人将自己的打分表与试题一起交给上课老师,才能完成学分认定。经过进一步淘汰,最终留下参与竞赛的学生(一般6~8位),采用同样的认定流程,在第二学期可以认定与相关竞赛内容的最多三门课程。

"智能制造"赛教融合班时间安排如表6-3所示。大一第二学期由各班学生自愿报名及班主任推荐、选拔50人左右进行预组班,然后进入暑期三周的基础训练,经淘汰后正式组建"智能制造"赛教融合班,人数为30~40人,经过暑期三周的基础训练,学生基本掌握C语言程序设计、PLC编程、工业机器人在线编程、仿真等技能。

表6-3 "智能制造"赛教融合班教学计划时间安排(以机器人系统集成为例)

时间		项目	内容	讲课形式	考核方式
暑期 (7—8月)	第一周	基础知识训练	C语言程序设计 工业机器人概述、RAPID编程基础	授课	—
	第二周	基础知识训练	7-200 SMART系列PLC的硬件介绍,S7-200 SMARTPLC编程软件使用入门	授课	—
	第三周	基础知识训练	数据基础知识、西门子828D数控铣床操作基础	授课	考试

续表

时间		项目	内容	讲课形式	考核方式
第一学期（9—12月）	第一周	基础知识训练	PLC 的编程语言、S7-200 SMARTPLC 的程序控制指令及其应用	授课	—
	第二周	基础知识训练	逻辑控制编程的编写方法、S7-200 SMARTPLC 的通信及其应用	授课	—
	第三周	基础知识训练	ABB 工业机器人运动控制、运动控制电动机及驱动	授课	考试
	第四周	基础知识训练	ABB RobotStudio 离线编程与操作、工业机器人搬运编程与操作	练习	—
	第五周	基础知识训练	ABB RobotArt 仿真编程与操作	练习	—
	第六周	基础知识训练	数控车床编程与加工、ABB 工业机器人与西门子 828D 数控铣床通信设置、埃夫特实训	授课	—
	第七周	基础知识训练	基本知识综合训练 1	授课	考试
	第八周	基础知识训练	基本知识综合训练 2	授课	—
	第九周	基础知识训练	基本知识综合训练 3	授课	—
	第十周	基础知识训练	机器人工作站与视觉系统集成 PLC 通讯协议理论	授课	—
	第十一周	基础知识训练	机器人工作站与分拣系统集成 PLC 通讯 Profibus 通讯实践	授课	—
	第十二周	基础知识训练	分拣工作站的系统设计、PLC 通讯 I/O 通讯实践	授课	考试
	第十三周	基础知识训练	机器人工作站与数控系统集成 PLC 组态理论	练习	—
	第十四周	基础知识训练	PLC Wincc 组态、PLC 视觉检测	练习	—
	第十五周	基础知识训练	机器人工作站与立库系统集成	授课	—

续表

时间	项目	内容	讲课形式	考核方式
第一学期（9—12月）	第十六周 基础知识训练	PLC运动控制、数据软件、数控知识	授课	—
	第十七周 提高训练	竞赛基础知识综合训练,运动控制、程序联调1	授课	—
	第十八周 提高训练	竞赛基础知识综合训练,运动控制、程序联调2	授课	考试
寒假（1月）	第一周 强化训练	竞赛设备联调1	授课	—
	第二周 强化训练	竞赛设备联调2	授课	考试
第二学期（2—6月）	第一周 强化训练	竞赛设备联调2	练习	
	第二周 强化训练	省赛模拟赛题训练	练习	
	第三周 强化训练	年省赛模拟赛题训练	练习	
	第四周 强化训练	年省赛模拟赛题训练	练习	
	第五周 强化训练	年省赛模拟赛题训练	练习	考试
	第六周 强化训练	国赛样题训练	练习	
	第七周 强化训练	国赛样题训练	练习	
	第八周 强化训练	国赛样题训练	练习	
	第九周 模拟训练	国赛样题训练	讲授	
	第十周 指导老师出题提高	模拟卷1、2	练习	考试
	第十一周 指导老师出题提高	模拟卷3、4	练习	
	第十二周 指导老师出题提高	模拟卷5、6	练习	
	第十三周 指导老师出题提高	模拟卷7、8	练习	
	第十四周 指导老师出题提高	模拟卷9、10	练习	
	第十五周 指导老师出题提高	模拟卷11、12	练习	考试
	第十六周 指导老师出题提高	赛前综合训练	讲授	—

大二第一学期至寒假,根据竞赛类别,每个备赛小组分开进行提高训练(筛选6人、后备选手2人),加强综合应用训练、心理素质训练等工作。寒假至大二上学期(赛前)加强训练,冲刺比赛。

3. 金牌竞赛团队的竞赛保障

首先,搭建相关平台推进竞赛团队教师竞赛指导能力的提升。一是邀请具有丰富实践经验且熟悉竞赛规律要点的机器人相关竞赛专家、裁判长等到校举行专题讲座,或者到现场进行专业指导。二是积极建设名师或技能大师工作室,通过工作室带头人的专业示范引领作用,激发教师终身学习的激情,优化教师梯队中的中坚力量。三是强力促进在职教师转变教育观念,明确要求其加强自身技能水平的提升。以教研室为单位打造竞赛工作组,专门组织学生选拔与备赛训练,使全校教师向"竞赛指导教师与专业教学教师"的双师型身份转变。

其次,建立全面且完善的技能竞赛保障制度。在院领导的支持下学院出台了《技能竞赛管理办法》,为"智能制造"赛教融合班提供充足的经费支持,构建了全面且完善的竞赛制度管理体系,明确了学院承办技能竞赛相关职责、竞赛指导教师职责、参赛选手权利与义务、参赛选手训练和参赛管理、参赛选手学业成绩管理、参赛获奖选手及其指导教师奖励办法等。在参赛获奖选手方面,增加了学生获奖奖励,获得国家一、二、三等奖分别奖励 8000 元、5000 元、3000 元,获得省一、二、三等奖分别奖励 1800 元、1500 元、1200 元,奖励同比分别增加 200%、100% 和 100%;在学生评优、指导老师课时减免方面,获奖学生本学年评奖评优优先,志愿者小时乘以系数,并适当减少指导老师上课课时;在组织保障方面,成立了院长挂帅的技能竞赛督导小组,为竞赛学生及老师提供帮助,及时发现问题,解决问题;在经费保障方面,学院为赛教融合特色试点班提供专项经费支持。同时,积极举办获奖学生经验分享会,使竞赛收获惠及未参赛的学生群体,实现赛教公平发展、学生公平成长。

4. 金牌竞赛团队的竞赛成效

经过几年来不断地改进,工业机器人专业在人才培养方案与赛教融合两方面都获得了较大的进步,并取得了一些成绩,不仅逐渐形成了适应"1+X"职业技能标准的工业机器人专业新技术课程人才培养体系,而且延伸了双高相关专业的"课程集群、循环递进"的课程体系,并进一步通过项目制提高了学生专业认知水平。近几年机器人专业学生参与的技能大赛获奖如表 6-4 所示。在第三方监督考评条件下,2020 年"工业机器人系统集成应用"1+X 职业技能等级证书认定人数为 46 人,通过 46 人,"工业机器人操作与运维"1+X 职业技能等级证书,认定人数为 30,通过 29 人。2021 年,工业机器人集成应用职业技能等级认定人数为 50 人,通过 48 人,工业机器人操作与运维职业技能等级认定人数为 30,通过 30 人。

表 6-4　近几年机器人专业学生参与的技能大赛获奖统计表

赛项名称		2018 年	2019 年	2020 年	2021 年
机器人系统集成	全国赛	一等奖	一等奖	一等奖	二等奖
	省赛	二等奖	一等奖	—	一等奖
工业机器人技术应用	全国赛	二等奖	二等奖	—	—
	省赛	二等奖	一等奖	一等奖	一等奖
机器视觉系统应用	全国赛				三等奖
	省赛				一等奖

(四)个案研究结论及讨论

通过对金牌竞赛团队组织运行的深入剖析,可以发现该团队的组织运行模式呈现如下基本特征。其一,团队规模较小,团队主要由两名教师组成,外加上届竞赛获奖的学生参与竞赛指导,竞赛主教练在竞赛过程中起到了绝对的主导作用。其二,从团队运行的动机上来看,竞赛教练参与竞赛的动机较为复杂,利益驱动因素占据着相当大的成分,因为通过竞赛,竞赛教练不仅可以收获可观的物质奖励,而且对其职称评审、荣誉获取都大有裨益。其三,在团队运行的协调上不存在明显的隔阂与障碍,由于团队规模较小,竞赛主教练可以主动挑选教师作为自己的副手,而且由于具有共同的目标和利益基础,内部团队成员之间在沟通协作上是没有障碍的,竞赛教练的意志可以在团队运行过程之中得到较好的贯彻执行。其四,竞赛团队在外部运行保障上得到了学校及院系的系统支撑,从学校层面来看,学校建立了日益完善的竞赛奖励机制和赛教融合机制,保证了竞赛教练能够按照自身的意志来展开竞赛筹备。而且无论是在竞赛设备采购、教学运行安排上,还是在竞赛物质保障上,学校及院系领导都会给予大力的支持,从而保障了竞赛筹备的顺利进行。

基于对金牌竞赛团队组织运行的个案分析,项目化任务的组织运行正日益正规化、体系化、常态化,项目化任务逐渐成为高职院校组织运行的重心,高职院校更多的人、财、物资源正在不断地向项目获取上进行倾斜。为了在同其他院校的项目竞争之中取得优势地位,高职院校在组织运行上逐渐形成了以项目获取为重心的管理运行机制,无论是在内部资源整合上,还是在资源分配上,都确立了以项目获取为核心的机制。因此,在高职院校内部组织生活中,专业教学团队不可避免地被分割成了一个个项目小团队,小团队运行高效、目标聚焦。而专业教学团队运行则可能面临目标聚焦性偏离、运行整体性缺失的风险。

三、专业建设任务下高职院校专业教学团队运行的个案研究

我国高职教育经过几十年的快速规模扩张,已经占据了高等教育的"半壁江

山"。高速的规模增长扩大了我国高职教育整体规模与社会影响力,但也埋下了教育质量欠佳的隐患。因此,近年来我国党和政府都高度重视推动高职教育的高质量发展,推进高职教育提质培优。各类高职院校也都意识到提升自身办学质量的重要性,调整自身办学方向,从重视办学规模的扩张转向重视学校内涵质量的提升。其中专业建设是高职院校内涵建设的核心,是人才培养质量提升的根本抓手与依据,唯有站在专业建设的角度上,才能够真正找到高职院校内涵提升的具体路径。[①] 而专业带头人作为高职院校专业建设的直接领导者,在强化专业建设,推动高职院校内涵化发展过程中具有举足轻重的作用。因此本研究选取多位富有经验的专业带头人作为研究对象,希冀通过对多位专业带头人的访谈调查深入了解专业带头人在专业建设活动中的重要地位,并深入分析当前面临的诸多困境,以及背后所蕴含的深层原因。

(一)专业带头人:高职院校专业建设的领导者

专业带头人作为专业教学团队中的核心领导者,在完成专业建设任务过程中起到了极为重要的作用,从宏观的整体发展规划与统筹,到与团队教师的沟通协调,再到具体任务的落地执行,专业带头人在开展专业建设任务的各个层面都发挥着不可替代的作用。

1. 整体统筹与规划

专业带头人作为专业教学团队的组织核心,其首要作用即明确专业整体发展规划,具有前瞻性视野,为团队开展专业建设任务指明方向,并且要做好整体统筹工作,协调资源,监督保障发展质量。具体包括以下几方面。

第一,前瞻与研判专业发展路径。对于高职院校专业建设而言,如何保持专业建设与行业、企业发展的联动性是保持专业发展"活力"最为重要的因素。[②] 专业带头人作为高职院校专业建设的领导者,通过深入专业所对应的行业、企业进行实地调研,了解产业实际、市场人才需求,结合学校现有的资源制定专业建设发展规划,确定本专业的人才培养目标。专业带头人还需通过对本专业各地、各类、各层次院校的调研比较,明确本专业发展的现状及未来趋势。

第二,规划与设计专业课程体系。课程体系构建是专业建设的支撑,是人才培养总体设计的具体体现,在专业建设中占有十分重要的地位。[③] 在明确了本专业基本发展方向与路径之后,就需要进一步依据之前所确立的专业建设方向和人才培

[①] 王亚南,石伟平.转型发展背景下高职院校专业带头人角色定位的实证研究——基于对专业带头人岗位职责书的内容分析[J].中国职业技术教育,2017(15):14-21.

[②] 王亚南.高职院校专业带头人能力模型构建及发展研究[D].上海:华东师范大学,2018:79.

[③] 孙冠男.探究高职院校专业带头人在专业建设中应承担的角色[J].林区教学,2012(05):3-4.

养目标,制定具体的专业人才培养方案。在这一过程中,专业带头人不仅要做好明确具体方向、路线的工作,同时也要与任课教师积极配合,深入剖析岗位职业能力要求,凝练出核心专业技能。围绕核心技能的培养与练就,对本专业相关知识、技能进行合理取舍,构建重点鲜明的课程体系。

第三,整合与分配专业教学资源。为了保证专业人才培养方案顺利落地,专业课程教学顺利开展,专业带头人除了需要进行整体发展方向的规划,明确具体的课程体系外,还需要开发充足的教学资源。这些教学资源包括教材、实习实训场所、专业教学资源库、实验室等。虽然这些教学资源在学校或学院会进行整体的开发、设计,但针对各个专业的具体情况,使用什么资源,如何使用这些资源,都需要专业带头人进行整体的规划分配,甚至有时候还需要专业带头人带领团队成员进行教学资源的开发。

第四,把控与保障专业发展质量。专业建设的优劣最终体现在毕业生的素质和能力以及毕业生受市场的欢迎程度上,而这些都取决于高职院校专业教学质量的高低,唯有高质量的教学、认真投入的教师,才能够保证教学质量的提升,才能够最终实现毕业生就业能力的提升。[①] 专业带头人在这一过程中起到了极为重要的质量把控与监管的作用。通过听课、评课等活动,及时发现专业教学活动中存在的问题,并通过与一线教师、专家等协同处理好这些问题,提升教学质量,保障专业发展质量的稳步提升。

2. 团队打造与发展

专业建设活动的顺利开展仅仅依靠专业带头人显然是不可能的,需要打造一支专业能力过硬、团结合作的专业教学团队作为开展专业建设活动的主体,才能保证专业建设活动的有序进行。因此,专业带头人的另一个核心作用是通过打造、凝聚一支专业教学团队,进而实现专业建设活动的稳步开展。

第一,打造专业教学团队。专业教学团队的打造是开展专业建设任务的基础,建设一支学历、年龄、职称合理的教师团队,是专业建设任务顺利开展的基本保障。专业带头人的重要作用之一即根据专业发展的切实需求制定本专业的团队建设计划,并与学校、院系等各级组织制订、实施专业教学团队的人才培养、引进计划。有计划、有组织、有目的地吸引一批专业资深教师、专家,培养引进一批优秀青年骨干教师,招收一批充满活力的新专业教师,打造一支专兼合理、能力互补的专业教学梯队。

第二,塑造团队文化。团队的打造不仅仅是吸引一批各具特长的专业教师组成一个结构合理的教师团队,更为重要的是要形成属于专业团队特有的团队文化,

---

① 王亚南.高职院校专业带头人能力模型构建及发展研究[D].上海:华东师范大学,2018:80.

这样团队才有"灵魂",团队也才能变得更有凝聚力。团队文化的塑造同样需要专业带头人发挥其应有之作用。一方面,专业带头人要以身作则,需在倡导民主管理、鼓励专业交融、容许不同学术观点等方面,起到表率作用。另一方面,专业带头人还需努力通过专业教育、生涯指导等活动,让本专业的学生、教师认同本专业独有的文化,并努力在教学实践和学习过程中通过一言一行时刻践行这一文化。

第三,引领成员发展。专业带头人作为专业建设的领导者,可以称其为专业的"头面人物",在专业能力、教学能力、领导能力等各方面都具备了较高的水平,因此,专业带头人在团队中往往需要负责对教师进行专门的培养和指导,发挥引领团队成员共同发展的作用。一方面帮助青年教师迅速提高教学能力和科研水平,使之尽快成长为专业教师队伍的骨干,另一方面帮助团队中的资深教师快速接受专业所对应行业产业的最新变革,不断更新其专业认知、技能等。专业带头人应保证团队中各梯度教师都能在参与专业建设任务的过程中不断地有所提升。

3. 任务组织与执行

以上所述的专业带头人的种种努力最终都是为了保障专业建设任务的顺利开展,而组织与开展具体任务也就成了专业带头人最为核心的作用。

第一,组织开展专业建设任务。专业带头人在整体统筹规划专业建设任务之后,还需要进一步组织团队中各级各类教师将建设任务落地开展。在这一过程中,专业带头人需要组织各类人力、物力、财力等资源保证建设任务的顺利开展,发挥设计、实施、运作、调度、协调等作用,不仅要明确专业建设的目标和方向,还需要根据团队中不同教师的特长合理安排具体任务,保证人尽其用。并且专业带头人还需起到沟通协调串联的作用,保证团队成员之间的有效合作。

第二,示范引领专业建设任务。专业带头人不仅需要规划、组织任务的开展,自身也同样需要承担部分任务,甚至是大部分的专业建设任务,直接参与建设活动,这些任务往往是最为重要和最为核心的任务。专业带头人需以自身作为榜样,发挥示范引领作用,鼓励其他教师积极主动地迎接挑战和变革。同时,专业带头人通过切实地参与专业建设任务,不仅可以提升自身专业能力,还可以发现专业建设中存在的各种问题,及时予以解决纠正,引导专业建设任务沿着正确道路发展。

第三,创新开拓专业建设任务。专业带头人在带领团队成员开展专业建设任务过程中,不仅需要带领团队成员按部就班完成大部分常规的专业建设任务,还需要开拓许多具有创新性的高水平专业建设改革项目来提升专业发展水平。在这一过程中,专业带头人切实运用自身高水平专业能力,以自身掌握的专业前沿知识、技能为基础组织申报专业建设项目,主持专业建设项目的实施,勇于承担重任,以严谨科学的态度、开拓创新的精神带动整个教师团队完成改革任务,推动专业更好、更快地发展。

(二)个案研究设计

本研究主要采取质性研究中的个案研究法,取样对象为多所高职院校不同专业的专业负责人,样本案例的取样遵循异质性典型案例抽样原则,要求所选样本具有一定的代表性。本研究取样的标准:完整经历了担任专业带头人这一角色的各个时期;调研学校已经初步建立了专业带头人制度,并明确了专业带头人的相关职责;研究组能够顺利在该专业田野入场。基于以上原则,本研究选择了东部、中部、西部各一所具有代表性的高职院校的机械制造与自动化、酒店管理、会计、汽车检测与维修等十个专业的专业负责人作为研究对象(表6-5)。

表6-5 受访者信息一览表

编码	岗位	专业
A-Z-1	专业负责人	机械制造与自动化
A-Z-4	专业负责人	酒店管理
A-Z-6	专业负责人	会计
F-Z-1	专业负责人	服装设计
F-Z-2	专业负责人	精细化工技术
F-Z-3	专业负责人	汽车检测与维修
F-Z-4	专业负责人	电梯专业
G-Z-1	专业负责人	机械制造
G-Z-2	专业负责人	酒店管理
G-Z-3	专业负责人	电子商务

本研究在资料的获取上分别采取了访谈法、文献分析法及观察法。其中以深度访谈为主,辅以微信、电子邮件等非正式交谈,并结合相关制度文本分析、研究者观察记录,对十位专业负责人在带领团队开展专业建设任务过程中所面临的现实困境及困境背后的深层原因进行研究,并做深入描述。在深度访谈时,经研究对象同意进行录音,并由研究者亲自转写。对转写所得文本进行反复阅读,不断游走于访谈文本与研究文献之间。在不断地阅读思考过程中,研究者逐渐发现其中浮现的主题,并对这些主题进行初步分类。在分析访谈文本的过程中,研究者和研究对象保持联系,协商文本意义的解读,并对不同研究对象的数据进行对比分析,对提

炼的主题进行修改。①

(三)高职院校专业带头人领导专业建设的现实困境与具体成因

通过多方深入访谈得知,因制度环境等原因,专业带头人在带领团队完成专业建设任务过程中面临着诸多现实困境,阻碍了专业带头人发挥有效作用。

1. 专业带头人在完成专业建设任务过程中面临现实困境

如上文所述,专业带头人在带领团队共同完成专业建设任务的过程中发挥了极为重要的核心作用。但在实际过程中,专业带头人往往面临着诸多困境,阻碍其有效地带领团队开展专业建设任务。

首先,孤身向前,团队协作的缺失。专业建设任务的顺利推进需要专业团队每一位成员都发挥其应有的作用,互相协作,共同努力。但在实际工作过程中却并非如此。通过访谈我们得知,在具体开展专业建设任务时团队中往往缺乏有效的协作,专业带头人孤身向前,独自承担大部分的专业建设任务。有专业带头人认为"绝大部分的学校专业都是这样的。大部分工作都是专业主任在干,实际上你说的那个团队其实是虚的"(A-Z-6),这表明当前专业教学团队在实际运行过程中并没有发挥实际效用,只存在一个形式上的团队,团队中真正承担建设任务的往往只有专业带头人和少部分团队成员,这也正是专业带头人在带领团队完成专业建设任务过程中遇到的极为显著的困境之一。一方面,团队中缺乏有效的协作机制导致许多专业带头人预先设计的具体建设任务分工难以落地实施,仅仅依靠专业带头人或少部分团队成员完成专业建设任务的效率是极低的,而且没有办法切实保障任务完成质量。另一方面,团队中缺乏有效的协作机制,但专业建设任务又必须得完成,只能由专业带头人承担更多的专业建设任务,导致专业带头人陷于大量的实际具体工作当中,无法发挥自身统筹协调等需要专业带头人抽离于具体任务之外的重要功能,同时会削弱专业带头人对整体专业建设工作质量的监管与把控。缺乏团队协作导致的诸多后果都说明了这一问题对专业带头人造成的严重阻碍,需要加以重视。

其次,分身乏术,繁多任务的牵制。专业带头人不仅仅因为专业团队中缺乏有效的协作需要承担更多的专业建设任务,还需要承担许多专业建设任务之外的烦琐事务,严重挤占了专业带头人规划、组织、开展专业建设任务的时间精力,导致专业带头人无力履行自身作为专业建设领导者的职责与功能,成为一名建设任务的参与者,甚至因为其他繁杂任务的影响,仅仅只能成为一名"兼职建设者",这与专

---

① Muray G. Narrative Inquiry[A]. In Juanita Heigham & Robert A. Croker(Eds). Qualitative Research in Applied Linguistics: A Practical Introduction[C]. Palgrave Macmillan,2009:45-65.

业带头人这一角色定位显然是不相符的。例如,在访谈中有受访者提道:

专业负责人,涉及的事情确实很多,类似教务的很多东西都压到专业负责人身上了,教学他来安排了,外聘教师他来请,实验室他来预约,好多东西都放在专业负责人身上。我觉得专业负责人主要做什么呢?围绕课程、实训条件、师资这三块抓牢就可以了。(F—Z—2)

从大事到细微的小事,包括一个学生出现什么情况,一个老师今天上课出现什么情况,都得专业负责人负责,我觉得专业负责人事情太杂了,好比我现在,就像一个接电话的接线员,每天就是打电话接电话,事情有时候也蛮琐碎的。(F—Z—1)

我觉得不能把专业主任当成一个生产队的队长,什么事情都要扯到他的身上去,应该让他静下心来搞一些专业建设上的事情,这点我觉得我们学校尤为需要,但是我们学校目前来讲,所有的学工线也好,党的事情也好,招生线也好,就业线也好,教学线也好,能扯到的全部都可以落到专业主任身上。这一点学校要在制度上的建设、机制上的建设中进行厘清。(G—Z—2)

各位受访者的表述都在一定程度上体现出了当前专业带头人身兼数职,各种繁杂事务兼于一身的窘迫境况。这些时间与精力的消耗都给专业带头人完成自身的岗位使命、带领专业教学团队完成专业建设任务,带来了不小的阻碍。

最后,事与愿违,上级意愿的压制。专业带头人所面临的困境不仅仅来自自身抑或是团队内部,外部的影响同样对专业带头人自身在完成专业建设任务中所应承担的职责造成了一定的影响。许多时候专业带头人对于专业建设的规划、具体任务的组织与开展并不能完全由自身决定,会受到许多外部意志的影响,而且这些影响往往都是专业带头人无法拒绝的。作为专业带头人,在其位谋其职,其最根本的期望必然是推动本专业的高质量发展,但往往许多上级意愿传达下来的项目化任务与达成专业的可持续性、内涵化发展目标是不完全一致的。例如有受访者表示:

现在做方案的话,这个人的思想加一些,那个人的思想弄进来一些,往往最后弄得执行者都没有自己的思想了,而且即使执行者有思想放进去,最后很可能也被否定掉了。现在这个层面我们专业主任的问题就出在,很多时候就不需要你有思想,就是执行就好了,领导说你这样做就行,你就得做,这个是我觉得有点问题的地方。很多时候专业主任的主观能动性,或者他在对整个专业的把握上要有他自己的一些思考,他要把这个专业带到什么样的方向上去,带到什么样的轨道上去,他要有自己的一些想法,但现在往往就是他有想法也没有办法落实。(G—Z—1)

以上情况表明了当前专业带头人所面临的一个内外为难的困境,自身内在对专业的规划、期望与上级所传达下来的外在意志有所不同,甚至相冲突,也在一定程度上阻碍了专业带头人带领团队完成专业建设任务。

2. 专业带头人面临现实困境的具体成因

专业带头人在完成专业建设任务过程中起到了极为重要的作用,但在实际工作过程中却遇到了不少的阻力,需要我们加以重视。同时,我们也还需要更进一步去探究造成这些困境背后的深层原因。

首先,权力缺失。造成上述专业带头人困境的很重要的一个原因是专业带头人缺乏足够的权力去调动或是激励团队成员切实参与到专业建设任务中。缺乏足够的权力促成团队形成一定的内部协调机制,推动成员之间的协调合作。根据组织行为学、政治学等相关理论,权力可以分为两类五种。所谓两类是指职位性权力(外在权力)与个人性权力(内在权力)。前者体现为三种权力:强制性权力(惩罚权)——能剥夺他人有价值的东西或给他人造成不良影响的权力,建立在惧怕基础上;赞赏性权力(奖励权)——能给他人带来某种积极的利益或帮助他人免受消极影响的权力,和前者是相对的概念;法定性权力(合法权)——个人通过正式层级结构中的职位获得的权力,包括前两种。后者体现的权力有两种:专家性权力(专长权)——来源于专长、技能和知识;参照性权力(模范权/感召权/统御权)——其基础是对于拥有理想的资源和人格特质的认同。① 基于以上对权力分类的分析反观当前高职院校专业带头人所具备的权力,个人性权力因人而异,各有不同,在此不做过多的讨论。而就职位性权力而言,根据访谈结果并结合当前部分院校的制度文件来看,大多数院校都未能根据专业带头人所承担的责任赋予其相应的职位权力。无论是强制性权力抑或是赞赏性权力,当前高职院校专业带头人都有所欠缺。例如:"当前专业带头人能够调动资源的权力是极为有限的,所能够分配的东西比较少,使用的资源,比如学校给的或其他人给的资源,我觉得都特别地少,有些专业的教研室主任他的想法很多,但是他没办法去做,很多东西可能还真的不好开展,因为他手头上能够使用的资源确实不是很多。"(G-Z-3)同样的专业带头人对团队中教师产生约束的权力也是极为有限的:"你说我基于这个老师的考核结果去处罚他,我没有权力。"(F-Z-3)专业带头人职位性权力的缺失导致大多数专业带头人只能通过自身的专业影响力或是人格魅力来吸引团队成员参与专业建设工作,但这样的吸引力在职称评审等现实压力下显然是很难长久维系的,也就导致了专业带头人难以长期有效地组织团队教师开展专业建设工作。

其次,身份模糊。专业带头人需要承担许多繁杂的除专业建设任务之外的事务,主要原因在于等级制抑制下专业带头人专业身份难以获得有效彰显。高职院校专业带头人的工作性质从根本上决定了高职院校专业带头人的专业身份,在角色定位上应突出其专业建设领导者的定位,但基于对多位专业带头人的深入访谈

---

① 李硕豪.权力博弈:一所中国大学内部权力运行的故事[M].北京:中国社会科学出版社,2011:21-22.

分析发现,专业带头人的专业性身份并未在工作中得以充分的体现,专业带头人这一身份在当前高职院校组织中仍然较为模糊。在当前高职院校实行的科层制管理体制下,专业带头人被纳入科层管理体系中,而且是位于最底层,承担了大量由上级组织层层下派的行政事务工作。虽然也有部分高职院校明确强调了专业带头人在专业建设活动中的具体职能,强调了专业带头人的专业地位,但是具体管理过程中仍是将其纳入了科层管理体系当中。如有专业带头人表示:"关键问题是,我们没有把专业带头人当作一个专业人才来看,就是你没有把他放在行政职务、行政级别这个链条上来看。"(A—Z—1)同时,专业带头人仍然和改革前的系主任一样参与学院的行政管理工作。因此,专业带头人实际上成了系主任的"翻版",无法专心做好专业建设工作,而且以前系一级的行政管理人员又脱离了专业建设工作,专业带头人没有权限指挥相关人员为专业建设服务,反而在整个行政链条中处于其下方,这就造成不仅专业领导的地位没有充分体现,反而要承担大量的行政工作。一些事关专业建设未来发展的重大事项,专业带头人很难抽出时间完成,几乎都陷入了琐碎的行政事务当中,这也导致其专业身份难以凸显。而且除了承担专业建设的职责,许多专业带头人都身兼数职,同时兼任班主任等工作,"所以在高职院校专业带头人地位低是体现在各个方面。我那天听 MH 说,学生拉肚子请假也要找他,那我在想他要干专业主任,又要干班主任,又要去上课,那你不把专业主任累死。"(A—Z—1)通过对多所高职院校专业带头人的访谈能够感受到,尽管专业带头人所从事的工作是一项十分专业化的活动,但其在组织中的角色定位上更带有行政化色彩,专业带头人的学术权力受到了科层权威的抑制,无法真正发挥其专业领导的职能。

最后,角色冲突。当前高职院校对专业带头人同时存在两种角色期待:专业建设的领导者和专业建设的执行者。前者对专业带头人的期待是能够带领团队实现专业建设目标的领袖教师,后者则是承担专业建设任务的执行者。两种角色期待相差悬殊,在实际的工作过程中相互冲突在所难免。而之所以两种角色同时存在,是科层体制的专业化原则和等级化原则之间固有矛盾的结果。而且当前在高职院校中显然是等级化原则更占上风,导致专业带头人对专业建设领导者这一角色的期待难以实现,大多都成为科层制管理体制下的专业建设任务的执行者。在调研过程中许多受访者都明确指出自身正同时承担着两种角色,而且感受到了明显的冲突。例如:"我觉得专业带头人的工作分两块,一个是要顶天,整个专业的战略宏观构想,专业带头人应该是做这块工作,还有一个是具体执行学校行政任务,比如教学计划的安排,完成上级领导布置的一些行政任务。作为专业带头人,你主要应该把控一下专业的发展,怎么去顶层构建专业的一些东西,但是现在这两块我们是合二而一的。"(F—Z—2)"有的时候自己的心态不好,对某一些处长或者是某一些领导的发号施令也很懊恼,懂都不懂乱说一通,有的时候也挺压抑的。觉得自己专业按他的说法进行工作根本就走不通。"(F—Z—4)以上诸多例子都表明专业带头人在实际开展专业建设活动中存在的角色冲突问题严重影响了其专业权威的发挥,影响了其自主开展专业建设规划、组织的自由权力,许多规划无法按照自身的意愿来执行,更多的是成了一个上级意志的执行者。

(四)个案研究结论及讨论

基于对专业带头人在专业建设任务中所发挥的重要作用、所面临的现实困境,以及困境背后深层原因的深入剖析,可以发现专业带头人在完成专业建设任务过程中主要发挥了三个方面的重要作用:首先,整体统筹与规划;其次,打造与发展团队;最后,组织与执行任务。专业带头人所发挥的作用、承担的职责贯穿于整个专业建设活动的始终,层层递进,通过运用自身较高的专业能力带领专业教学团队共同来完成专业建设任务。但调研发现,专业带头人在带领专业教学团队完成专业建设任务过程中并非一帆风顺,他们面临着诸多困境,阻碍着专业建设任务的完成,究其原因主要包括三个方面:团队协作的缺失,繁多任务的牵制,上级意愿的压制。而造成这些困境的深层原因主要在于专业带头人自身应有权力的缺失、角色的模糊与冲突等方面,在今后的研究与实践中需要我们逐步去完善、解决。

小结

通过问卷调查和访谈调查已经对高职院校专业教学团队运行的基本现状和运行规律进行了深入的调查分析,较为全面地展现了高职院校专业教学团队运行的基本形态和特征。但基于研究方法的局限性,对高职院校专业教学团队运行的调研还较为宏观笼统,需要通过个案研究方法进一步深入挖掘团队运行背后的细节性信息。常规教学任务下高职院校专业教学团队运行研究的个案选择了以教研活动为研究个案,项目化任务下高职院校专业教学团队运行研究的个案选择了以金牌竞赛团队为研究个案,专业建设任务下高职院校专业教学团队运行研究的个案选择了以专业带头人队伍为研究个案。通过对教研活动个案分析,高职院校教研活动存在着教研重心泛化和失焦、教研活动重术轻道、教研评价的割裂和悬空等方面的问题,这些问题实质上都反映了团队运行的松散化。通过对专业带头人个案的分析,专业带头人在高职院校中的角色定位愈加重要,但专业带头人在领导专业建设过程中并无足够的人、财、物资源,面临日益严重的竞争考核压力,普遍缺乏领导专业建设的主动性。以金牌竞赛团队运行为个案分析,随着项目化任务受到学校日趋强烈的关注,金牌竞赛团队的运行过程得到了学校充分的保障,团队成员之间在共同目标的驱使下能够较好地开展沟通合作。

第七章 高职院校专业教学团队运行的总体特征及成因

通过前期的实证调研,高职院校专业教学团队运行过程整体呈现出典型的"碎片化"特征,团队成员无法在完成教学任务过程中形成分布协同的运行状态,教师之间彼此的疏离逐渐成为教师合作的常态。高职院校专业教学团队运行的"碎片化"实质上是教师之间合作缺乏紧密的利益基础和制度纽带,教师个体行为选择背后有着深刻的制度成因,对高职院校专业教学团队运行的考察不能局限于团队自身,而必须深入考察其背后运行制度的形成机理,以及这种机理是如何真正发挥作用的,又是如何影响到教师团队不同成员的价值选择与行为倾向的。

一、碎片化:高职院校专业教学团队运行的总体特征

从实证调研结果来看,高职院校专业教学团队在完成不同类型的工作任务过程中,运行过程呈现出了鲜明的异质性,整体运行呈现出了"碎片化"特征。在完成常规教学任务过程中呈现出了"原子化"运行特征,在完成项目教学任务过程中呈现出了"小团体"运行特征,在完成专业建设任务过程中呈现出了"单核松散式"运行特征。如表7-1所示,在完成不同专业教学任务时,高职院校专业教学团队在运行动力机制、运行协同机制、内部调控机制及外部调控机制四个分析维度上都呈现出了较大的差异。从专业教学团队完成常规教学任务过程来看,运行动力主要来自良心驱动,运行协同呈现出无序运行,内部调控以自我调控为主,外部调控停留在形式监控;从专业教学团队完成项目教学任务过程来看,运行动力主要来自利益驱动,运行协同呈现高效运行,内部调控以自我加压为主,外部调控则表现为层层关注;从专业教学团队完成专业建设任务过程来看,运行动力主要来自压力驱动,运行协同呈现出松散运行,内部调控需要专业负责人通过魅力影响,而外部调控则主要通过责任下压。从高职院校专业教学团队运行的总体特征来看,高职院校专业教学团队运行过程整体呈现出了"碎片化"运行状态,团队成员之间在完成不同类型教学任务时呈现出了完全不同的运行特征与行为表现,尽管表现形态各异,但总体来看都呈现出了团队整体缺乏足够的凝聚力,团队成员之间缺乏高效运行的制度基础以及利益基础,从而造成团队运行总体呈现出一种较为松散的运行状态。

表 7-1　不同专业教学任务下高职院校专业教学团队运行的特征

项目	运行动力机制	运行协同机制	内部调控机制	外部调控机制
常规教学任务	良心驱动	无序运行	自我调控	形式监控
项目教学任务	利益驱动	高效运行	自我加压	层层关注
专业建设任务	压力驱动	松散运行	魅力影响	责任下压

二、高职院校专业教学团队运行总体特征的成因

通过进一步对实证研究材料的挖掘分析,高职院校专业教学团队运行的"碎片化",同专业教学团队运行所处的制度环境有着十分紧密的内在关联。学校的办学导向、管理运行体制以及教师激励制度等多种制度所形成的制度环境从各方面形塑着专业教学团队的运行生态,生存于其中的教师不得不根据自身在团队中所处的位置采取最符合自身利益的生存策略,但团队成员的理性却客观造成了团队功能的失调、目标的失焦。

(一)以"项目获取"为目标的办学导向

随着国家"示范校计划""双高计划"等重大项目的实施,高职教育发展已经取得重要成就,办学质量与声誉获得较大提升。从 21 世纪初期至今,高职教育发展呈现出较为鲜明的项目推动模式,项目成为政府落实国家办学意志的主要政策工具,项目获取成为高职院校在高职教育场域内获得阶层跃升的重要砝码,项目多寡也成为衡量一所高职院校办学质量和社会声望的重要观测指标之一。

1. 项目成为政府推动高职教育发展的重要抓手

"分税制改革以来,中央财政开始以'项目'的方式向下面各级政府和基层社会分配,并逐渐成为一种把中央、地方乃至基层统合起来的国家治理体制,形成了所谓的'项目治国'。国家通过项目制将中央政府关注的重点政策、重要意图传达给各级政府,并通过'钓鱼式'项目工程引导、动员地方财政以项目资金配套的形式配合中央政府行动,中央政策执行在依靠科层官僚体制线条逐层运作之外寻找到了另一种'条块统合'的运作方式。"[①]在高职教育领域,项目制同样是国家将重点政策、办学意图传递给基层政府以及高职院校的重要治理手段。通过项目工程来推动高职教育的发展肇始于"示范性高等职业院校建设计划"。2006 年 11 月,教育

---

① 张良."项目治国"的成效与限度——以国家公共文化服务体系示范区(项目)为分析对象[J]. 人文杂志,2013(01):114-121.

部、财政部启动了国家示范性高等职业院校建设计划,这是我国历史上第一次针对职业教育进行大规模资金投入的专项建设计划。自此之后,项目便成为国家落实办学意志的重要手段,围绕高职教育改革各个领域所设计的项目开始"频繁登场"。之所以项目发包逐步成为政府落实办学意志的重要手段,主要是因为通过项目可以达到一些常规科层管理无法达成的重要政策目标。

其一,通过项目制可以将政府的办学意图更为有效地贯彻到基层。"项目制与常规行政体制不同,它力图做到专项目标明确、资金分配平衡、预算结构清晰、过程管理严格、程序技术合理、审计监督规范,在实施过程中一统到底,且带有明显的专家治国的倾向。"[①]采用项目制可以通过专款专用、转移支付、绩效管理等技术手段超越传统的科层管理模式,上级政府的办学意志可以绕过下一级政府直达基层院校,在科层化常规管理之外需要一种对基层院校办学的"隐形远程控制"。其二,通过项目制可以在一定程度上调动下一级政府办学的积极性。项目制通常具有一定的竞争性,为了能够争取到上一级政府发布的相关项目,通常高职院校都需要地方政府在人、财、物等资源投入上的支持,这也成为上一级政府考评院校承接项目实力的重要因素。因此,项目制也在一定程度上带动了地方政府对高职院校的投入,发挥了"四两拨千斤"的功效。其三,通过项目制可以在一定程度上平衡地方之间发展的不平衡。高职院校的办学投入主要来自地方政府,但我国幅员辽阔,区域之间在经济社会发展上十分不均衡,这种不均衡性直接反映到高职院校的办学投入中。项目制作为一种国家财政转移支付的重要手段,对平衡高职教育区域发展的不均衡性具有一定的推动作用。项目制作为一种十分重要的政府治理工具,在推动高职教育改革创新发展上发挥着十分重要的作用,它可以十分清晰地将政府的办学意志传递给基层院校,而且通过现代化的治理工具可以对院校办学行为进行远程的监控,对政策实施的效果进行较为清晰的绩效评定,因此这种治理手段一直受到政府的青睐,也一直是政府推动高职教育改革创新发展的重要抓手。

2. 项目获取成为学校实现层级跃阶的"硬通货"

项目是一个内涵较为广泛的概念,"它原本指事本主义的动员或组织方式,即依照事情本身的内在逻辑,在限定时间和资源的约束条件下,利用特定的组织形式完成具有明确预期目标(某种独特产品或服务)的一次性任务。"[②]传统意义上,项目主要是指改革创新类项目。这些项目聚焦于高职教育整体或某一特定领域的改革创新发展,在限定的时间范围之内,政府通过给予学校一定的经费支持,希望学校

---

① 渠敬东.项目制:一种新的国家治理体制[J].中国社会科学,2012(05):113-130,207.
② 项目管理协会.项目管理知识体系指南[M].王勇,张斌,译.北京:电子工业出版社,2009:199.

在整体办学或某一领域内通过改革创新行动达成和政府共同商定的改革目标,如"双高计划""示范校计划"都是较为典型的改革创新类项目。但根据组织学视角下对项目内涵的界定,项目的本质是一种临时性的组织运行模式,它打破了传统科层组织对资源的条块分割,是为了完成某一临时性任务而形成的特殊组织运行模式。

  基于对项目本质内涵的界定,在高职院校场域内部,项目化组织运行模式已经不再局限于特定的改革创新领域。如表7-2所示,试点改革、荣誉申报、竞赛筹备在高职院校场域内部同样都以项目化的方式来展开运作,同改革创新类项目一样,政府同样是整个项目的设计者、运作者以及实施效果的评判者,而学校同样会采取通过组建临时性专班或团队的途径来争取获得试点资格、相关荣誉以及竞赛奖项,这些都具有典型的项目化运行特征,而且都是在上级政府所设计的规则下开展实施,对高职院校内部场域运行及教师协作生态产生了重要影响。除了表7-2所列出的项目外,在国家层面,政府在各种领域设置了类型多样的项目来推动高职院校的高质量发展,这些项目集中体现了国家的改革意志,是国家办学意志落实的重要载体。除了国家层面会设置项目,省级政府一般也会设置相应的项目来配套国家项目的实施,如省级高水平高职院校和专业建设计划省级职业院校技能大赛、省级教学名师等各类项目,通常与国家设计的项目之间一一对应。

表7-2 高职院校承接政府发布的项目类型及内涵

内涵	类型			
	改革创新类项目	试点类项目	荣誉项目	竞赛类项目
项目列举	中国特色高水平高职院校和专业建设计划	现代学徒制试点	国家级教学成果奖	全国职业院校技能大赛
项目目标	通过实施该项目,打造一批具有引领带动作用的标杆学校或专业或其他育人、教学成果	通过实施试点改革项目,在一定期限内试点院校应积极探索,为后续深化改革提供经验	通过在某一特定领域组织评奖,展示人才培养和教育教学工作成效,激励广大教育工作者教书育人	通过在某一特定领域组织竞赛,选拔优胜者予以荣誉、物质奖励,为广大教师、学生提供学习标杆与模范榜样

续表

内涵	类型			
	改革创新类项目	试点类项目	荣誉类项目	竞赛类项目
项目内容	通过项目管理的方式明确项目承接学校在一定期限内达到绩效设定目标	通过项目管理的方式明确试点单位在一定期限内达到试点任务书中设定的目标	通过奖项评选的方式从参评者中遴选出符合奖项设置初衷的候选者	通过组织竞赛的方式为参赛者搭建竞赛平台,从参赛者中选出优胜者予以奖励
项目实施	主要包括项目遴选、项目实施、项目管理、项目评价等关键步骤	主要包括试点单位的遴选、试点实施、试点成效检查、全面推广等关键步骤	主要包括单位或个人申报、政府组织评选、颁奖表彰等关键步骤	主要包括竞赛组织、参赛者遴选、竞赛筹备、正式比赛、优胜者胜出、授予奖项等关键步骤

高职院校场域日益呈现出层次明晰的"金字塔"结构。布迪厄认为,"一个场域可以被定义为在各种位置之间存在的客观关系的一个网络(network),或一个构型(configuration)"①。决定高职院校在场域中"位置"高低的关键取决于"资本"掌握的多少。在布迪厄场域理论中,"资本(capital)"这一概念是与"场域"紧密联系在一起的,在布迪厄看来,资本可以分成四种类型,分别是象征资本、社会资本、文化资本和经济资本,只有在一个相互发生作用的场域之中,某种类型的资本才会发挥作用。"在本文语境之中,经济资本是指办学用地、教学设备、办公大楼、图书仪器、教职员工等一切可转化为金钱的物和人;文化资本是指以教书育人为组织使命的教育机构在传承、创造、传播、应用知识上的一种能力体现;又可以细分为本体文化资本(一所高等教育机构在'知识工作'中真实的'能力和素质')、客观文化资本(可以用来具体、客观地衡量与评价学校办学功能实现的可视化'符号标志')以及制度文化资本(由社会所认定的高等教育机构办学实力的一种外部认证);社会资本按照与高职院校关系的不同,可以分为'政府'社会资本(政治资本)、'行业企业'社会资

---

① 皮埃尔·布迪厄,华康德.实践与反思:反思社会学导引[M].李猛,李康,译.北京:中央编译出版社,1998:145.

本(市场资本)和'家长、学生、校友'社会资本(学生资本)三个层面。"[①]一所高职院校在场域内部的"位置"取决于其资本的多寡和结构。

在高职院校场域之中,决定场域各种类型资本价值大小及其相互之间换算比率的是政府,作为掌握着"元资本"的政府实质上是整个高职院校场域内部游戏规则的制定者。由各级政府所发布的各种类型的项目实质上在整个高职院校场域内部充当着客观文化资本和制度文化资本的作用,这些资本在整个高职院校场域内部发挥着至关重要的作用,是决定高职院校在整个场域内部"位置"的关键,也是交换获得其他资本的"硬通货"。例如,如果某所高职院校被评为国家或省级高水平高职学校,不仅意味着该校获得了一定的资金投入(经济资本),而且也获得了官方对其办学质量的外部认可(客观文化资本、制度文化资本),提升了该校的社会声望及口碑(社会资本)。高职院校在整个场域中所处的"位置"可以通过客观文化资本和制度文化资本掌握的多寡进行清晰的判断。如图 7-1 所示,由国家以及省级政府实施的"高水平高职学校和专业建设计划"对高职院校在整个场域内部所处的"位置"进行了十分清晰的层次划分。处于整个"金字塔"上端的高职院校在经济资本、政治资本以及社会资本的获得上能够在同其他院校的竞争中获得更大的优势,处于不同位置的高职院校不仅在项目资金投入上会呈现出较大的差异性,在后续相关政策的支持、项目获取、社会认可度提升、举办者支持上都将呈现出较大的差异性。

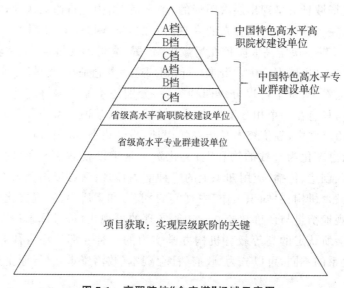

图 7-1 高职院校"金字塔"场域示意图

---

① 王亚南,林克松.高职院校同质化惯习的诱发机理及消解路径[J].现代教育管理,2015(09):105-110.

3. 项目多寡成为评判学校办学质量的主要依据

科学评价高职院校办学质量的高低是一项较为复杂的工作，对于高职院校健康发展和办学生态的营造具有十分重要的价值意义。"教育评价事关教育发展方向，有什么样的评价指挥棒，就有什么样的办学导向。"[①]高职院校办学质量评价的结果既是企业招聘、学生志愿填报的重要参考，也是政府进行资源调控、质量保障体系优化的主要依据。由于质量评价结果之于高职院校而言具有重要的利益相关性，办学质量的评价指标体系的内容设计和质量观测点会对高职院校办学具有重要的"指挥棒"作用。当下，我国已经初步建构多方协同参与的高职院校办学质量评价机制，从评价主体来看，有学校自评、政府评价、行业企业评价、社会评价。在诸上不同评价类型中，对高职院校办学产生重要影响的主要是政府评价和社会评价，行业企业参与高职院校办学质量评价缺乏足够的积极性和制度化参与渠道，学校自评尚处于初步探索阶段，尚未发挥重要作用，而且由于是内部自我诊断评价，很难发挥引导学校办学的功效。政府评价由于关涉到资源分配、管理者政绩，社会评价由于关涉到学校社会声望，因此上述两类评价的结果对高职院校办学行为往往具有"硬约束"。由于评价结果和高职院校发展具有重要的利益相关，从而导致高职院校普遍较为重视上述两类评价的质量观测指标，往往会根据评价内容来调整自身的办学行为，力争在上述两种评价中获得较好的评价结果。

从政府评价来看，针对高职院校办学质量的评价主要有督导评价，项目承接的遴选性评价以及各级政府对高职院校办学质量的绩效考核评价，在以上各种评价指标体系中，"项目"都占据着十分重要的比重，尤其在各种项目遴选性评价中，获得必要的项目是参与项目评价的基本条件。例如，在中国特色高水平高职学校和专业建设计划项目遴选管理办法（表7-3）中，除了一些定性与定量的基本指标外，还明确规定了申报学校必须在9项标志性成果中至少有5项，而这9项标志性成果包含了国家级教学成果奖、国家级职业教育专业教学资源库立项项目、国家级教育教学改革试点、国家级重点专业、学生获得国际级及以上竞赛获奖、教师获得国家级奖励等项目化指标。项目获取的多寡不仅成为评判学校办学质量的依据，在院系、专业以及教师的评价中同样如此，"在涉及院校、专业以及教师教育质量评价时，评价人员倾向于依据有关项目的级别与类别进行打分或排序。"[②]

---

① 中共中央 国务院.深化新时代教育评价改革总体方案[EB/OL].（2020-10-13）[2021-08-12] http://www.gov.cn/zhengce/2020-10/13/content_5551032.htm

② 陈廷柱.警惕高等教育质量项目化[J].大学教育科学，2019(05)：11-12.

表 7-3　中国特色高水平高职学校和专业建设计划项目遴选管理办法（节选）

政策名称	政策内容
《中国特色高水平高职学校和专业建设计划项目遴选管理办法（试行）》第三章项目遴选部分	第十条 "双高计划"遴选坚持质量为先、改革导向、扶优扶强，面向独立设置的专科高职学校（包括社会力量举办的专科高职学校），分高水平学校和高水平专业群两类布局。在高职学校年生均财政拨款水平达到国家统一要求且逐年增长的前提下，对职业教育发展环境好、重点工作推进有力、改革成效明显、"双高计划"政策资金保障力度大的省份予以倾斜支持。 第十一条 学校须具备以下基本条件： （一）学校办学条件高于专科高职学校设置标准，数字校园基础设施高于《职业院校数字校园建设规范》标准。 （二）学校人才培养和治理水平高，在产教融合、校企合作方面成效显著，对区域发展贡献度高，已取得以下工作成效：被确定为《高等职业教育创新发展行动计划（2015—2018 年）》省级及以上优质高职学校建设单位；已制定学校章程并经省级备案，设有理事会或董事会机构，成立校级学术委员会，内部质量保证体系健全；财务管理规范，内部控制制度健全；牵头组建实体化运行的职业教育集团，合作企业对学校支持投入力度大；成立应用技术协同创新中心、技能大师工作室；非学历培训人日数不低于全日制在校生数；近三年招生计划完成率不低于 90%，毕业生半年后就业率不低于 95%；配合"走出去"企业开展员工教育培训，有教育部备案的中外合作办学项目或招收学历教育留学生。 （三）学校坚持职业教育办学定位和方向，干事创业的积极性、主动性、创造性高，教育教学改革、校企合作和专业建设基础好，人才培养质量和师资队伍水平高，学生就业水平高，社会支持度高。 （四）学校在以下 9 项标志性成果中有不少于 5 项： 1.近两届获得过国家级教学成果奖励（第一完成单位）； 2.主持国家级职业教育专业教学资源库立项项目且应用效果好； 3.承担国家级教育教学改革试点且成效明显（仅包括现代学徒制试点、"三全育人"综合改革试点、教学工作诊断与改进工作试点、定向培养士官试点）； 4.有国家级重点专业（仅包括国家示范、骨干高职学校支持的重点专业）； 5.近五年学校就业工作被评为全国就业创业典型（仅包括全国毕业生就业典型经验高校、创新创业典型经验高校、创新创业教育改革示范高校）； 6.近五年学生在国家级及以上竞赛中获得过奖励（仅包括世界技能大赛、全国职业院校技能大赛、中国"互联网+"大学生创新创业大赛、"挑战杯"全国大学生课外学术科技作品竞赛和中国大学生创业计划竞赛）；

续表

政策名称	政策内容
《中国特色高水平高职学校和专业建设计划项目遴选管理办法（试行）》第三章项目遴选部分	7.教师获得过国家级奖励（仅包括"万人计划"教学名师、全国高校黄大年式团队、全国职业院校教学能力比赛获奖）； 8.建立校级竞赛制度，近五年承办过全国职业院校技能大赛； 9.建立校级质量年报制度，近五年连续发布《高等职业院校质量年度报告》且未有负面行为被通报。 在满足以上条件的基础上，学校近五年在招生、财务、实习、学生管理等方面未出现过重大违纪违规行为。学校未列入本省升本规划。

除了在项目遴选评价上会关注项目的多寡，在政府实施的办学绩效考核上，同样会将高职院校在一些项目上的获取作为质量评价指标。例如，对某省教学业绩考核的评价指标体系进行分析后可以发现，决定某所高职院校在某省针对高职高专院校教学工作业绩考核的指标体系之中，项目获取同样是整个指标体系中的重要内容。如表7-4所示，从该省对省内高等职业院校教学工作及业绩考核指标体系的内容来看，项目获取的级别以及数量依然占据着绝对的重要地位，在指标体系之中，很多指标都是一些基础性的指标，院校可以通过资源的投入去弥补在一些指标上的不足，但项目指标是竞争性的指标，一定时期项目数量是恒定的，学校需要通过激烈的竞争才能够获取项目，项目理所当然地成为高职院校获取竞争优势的关键。除了在常规性的教学工作业绩考核之外，省内的一些重点项目的遴选依然需要学校具备一定的项目积淀。例如，我们对该省高水平职业院校和专业群建设项目申报条件的分析后发现，在项目申报条件中，是否具有申报资格依然取决于学校是否具备足够的项目成果，学校申报省级高水平高职学校的资格也是要通过项目成果之间的竞争。某省高职院校和专业建设遴选管理办法（节选）如表7-5所示。

表7-4 某省高职院校教学工作及业绩考核指标体系

一级指标	二级指标	分值或比例
1.教学保障(150分)	1.1 领导作用	20%
	1.2 基本办学条件	20%
	1.3 生均教育经费	40%
	1.4 制度建设与执行	20%

续表

一级指标	二级指标	分值或比例
2.教师情况(200分)	2.1 生师比	20%
	2.2 专任教师生师比	30%
	2.3 硕士及以上学位教师	5%
	2.4 "双师型"教师	20%
	2.5 兼职教师	10%
	2.6 专任教师留(访)学	5%
	2.7 教师培训	10%
3.人才培养质量情况(300分)	3.1 当年高考投档线	10%
	3.2 毕业生就业率	40%
	3.3 毕业生创业率	5%
	3.4 专业就业对口率	5%
	3.5 毕业生就业人均起薪水平	10%
	3.6 学生对教学的满意度	15%
	3.7 用人单位对毕业生的满意度	10%
	3.8 毕业生升学率	5%
4.教学建设与改革情况(200分)	教学建设与改革	100%
5.校企合作与专业社会服务能力建设(150分)	5.1 校企合作教学	50%
	5.2 专业社会服务能力	50%
6.争先创优情况(加分制,仅限当年新增)	6.1 获得国家级省级教学项目、竞赛项目、命名和奖励情况	—
	6.2 在省内外产生积极重大影响的教学工作成果	—

表7-5　某省高职院校和专业建设遴选管理办法(节选)

政策名称	政策内容
《××省教育厅××省财政厅关于组织开展高水平职业院校和专业群建设工作的通知》节选	四、申报条件 (一)高职院校。 1.学校办学条件高于专科高职学校设置标准,数字校园基础设施高于《职业院校数字校园规范》标准。学校近五年在招生、财务、实习、学生管理等方面未出现过重大违纪违规行为。 2.学校人才培养和治理水平高,已制定学校章程并经省级备案,设有理事会或董事会机构,成立校级学术委员会,内部质量保证体系健全;财务管理规范,内部控制制度健全。 3.在产教融合、校企合作方面成效显著,对区域发展贡献度高,合作企业对学校支持力度大;积极推进应用技术协同创新工作;积极承担技术技能培训;有效开展中外合作办学交流。 4.学校坚持职业教育定位方向,干事创业的积极性、主动性、创造性高,教育教学改革、校企合作和专业建设基础好,人才培养质量和师资队伍水平高,学生就业水平高,社会支持度高。 5.申报高水平学校需是国家高水平专业群建设单位,或在以下10项标志性成果中有不少于8项;申报高水平专业群的至少需有1项: (1)近两届获得过省级及以上教学成果奖励(第一完成单位); (2)主持或联合主持过国家级职业教育专业教学资源库立项项目且应用效果好; (3)承担过省级及以上教育教学改革试点且成效明显(仅包括现代学徒制试点、"三全育人"综合改革试点、教学工作诊断与改进工作试点、定向培养士官试点); (4)有省级及以上重点专业(仅包括国家示范、骨干高职学校支持的重点专业,省"十三五"优势专业); (5)近五年学校就业工作被评为省级及以上就业创业典型(仅包括全国毕业生就业典型经验高校、创新创业典型经验高校、创新创业教育改革示范高校,省普通高校示范性创业学院); (6)近五年学生在国家级及以上竞赛中获得过奖励(仅包括世界技能大赛、全国职业院校技能大赛、中国"互联网+"大学生创新创业大赛、"挑战杯"全国大学生课外学术科技作品竞赛和中国大学生创业计划竞赛); (7)教师获得过省级及以上奖励(仅包括全国高校黄大年式团队、国家级职业教育教师教学创新团队、国家"万人计划"教学名师、全国职业院校技能大赛教学能力比赛获奖、省高校优秀教师);

续表

政策名称	政策内容
《××省教育厅××省财政厅关于组织开展高水平职业院校和专业群建设工作的通知》节选	(8)建立了校级竞赛制度,近五年承办过省级及以上职业院校技能大赛; (9)近五年获评省级及以上产教融合项目(仅包括产教融合示范基地、"五个一批"产教融合项目(申报主体单位),省级示范性职业教育集团(牵头组建单位)); (10)建立了校级质量年报制度,按要求发布学校质量年度报告。

除了政府在对学校办学质量的评价中关注项目外,社会评价同样将项目获取数量作为衡量高职院校办学质量的主要观测指标,尤其近年来盛行的各种"排行榜"中,都将政府设置和出台的各种项目纳入评价指标体系之中。例如,由杭州电子科技大学中国科教评价研究院牵头发布的"金平果"中国高职院校竞争力排行榜在社会上具有较高的影响力,该排行榜在评价指标体系的遴选上,将"双高建设""教改试点""科研项目""学生竞赛获奖""教学竞赛""教学资源库""教学成果"等项目都纳入其评价指标体系之中。中国高等教育学会正式发布的全国高职院校教师教学发展指数的评价指标体系,各种类型"项目"也是决定高职院校在排行榜评价中所处位置的关键依据。正是由于"项目"已经成为政府、社会评价高职院校办学质量的核心指标,高职院校不得不将办学导向聚焦到"项目"的获取上,这是决定高职院校在整个高职教育场域位置中的关键。处于场域"金字塔"上端的高职院校在经济资本、政治资本以及社会资本的获得上能够在同其他院校的竞争中获得更大的优势,处于不同位置的高职院校不仅在项目资金投入上会呈现出较大的差异,而且在后续相关政策的支持、相关项目获取、社会认可度提升、举办者支持上都将呈现出较大的差异性。"在我国高等教育领域,不同项目标识几乎等同于高校的办学实力与水平,代表了学校领导层的政绩及历史功过,它甚至成为社会以及同行所认可的风向标和市场信号。"因此,由于利益攸关,高职院校办学者不得不将"项目获取"作为办学的核心目标,将组织资源和注意力聚焦在如何获取高级别项目上。金平果 2021 中国高职院校综合竞争力评价指标体系如表 7-6 所示。

表 7-6 金平果 2021 中国高职院校综合竞争力评价指标体系

一级指标	一级权重	二级指标
办学条件	0.25	建筑面积、占地面积、教学仪器、生均仪器、图书总量、生均图书、生均经费、教研基地
师资力量	0.225	杰出人才、专任教师、高双比、教学团队、教学竞赛、生师比

续表

一级指标	一级权重	二级指标
科教产出	0.325	人才培养、就业率、优势专业、教学资源库、教学成果、学生竞赛获奖、科研项目、高质量论文、发明专利
学校声誉	0.2	立德树人、双高建设、优质校、示范骨干、双百强等、产教融合、创新创业、科技奖励、教改试点、本科教育

（二）以"成果导向"为核心的激励机制

随着项目获取的数量以及多寡成为政府以及社会评价高职院校办学质量的核心，高职院校不得不根据外部评价指挥棒的转变而调整自身的办学策略，将办学目标瞄准"项目"。在办学目标的调整下，高职院校内部的管理制度、激励机制以及文化塑造都随着办学目标的转变而随之调整，项目成果成为高职院校内部激励制度构建的核心，以项目获取为核心的压力型绩效考核体系普遍确立。但有限的项目申报名额造成了内部院系、专业以及教师之间的激烈竞争，不仅造成教师将项目获取作为个人教学生涯追求的重点，教师之间陷入激烈的内部竞争之中，还意外造成了教师之间出现分化的现象。

1. 项目成果成为高职院校内部激励制度构建的核心

高职院校专业教学团队运行的动力机制同高职院校内部激励制度的建设存在着十分紧密的内在关联，直接决定高职院校专业教学团队成员在完成不同类型专业教学任务时的价值取向和行为选择。由于"项目获取"成为高职院校办学的核心目标导向，为了能够激发全体教职员工在各种项目比赛中取得更为优异的成绩，高职院校以"项目成果"为导向建立了体系化的激励制度，"项目成果"成为高职院校教师激励制度建设的核心，也成为高职院校对二级院系、专业建设质量水平测评的关键，教师的职称晋升、院系以及专业负责人的职位晋升都同项目获取的数量和级别存在着紧密的内在关联。高职院校针对教师的激励主要表现在职称晋升、荣誉激励、物质激励三个方面。从职称晋升上来看，获得省级、国家级项目是教师职称晋升的关键，也是教师能够在激烈的职称竞争中脱颖而出的关键支撑。许多高职院校出台了教师职称晋升的破格提拔制度，在标准设定上，项目都是绝对的关键指标。在荣誉激励上，高职院校内部的教师称号以及教师荣誉评定，评定的标准仍然是相关项目，甚至在教师节等重大活动中，学校会对获得省级以上相关项目的教师进行单独颁奖。在物质激励上，高职院校根据各种不同类型的项目和级别建立了十分清晰明确的奖励机制，获取项目的层级越高，所获得的物质奖励越多。除了教师激励制度与项目成果直接挂钩，高职院校在对内部院系、专业的考核上，同样确立了以项目成果为核心的奖惩制度。比如,高职院校建立了十分清晰明确的目标责任考核制度,在目标责任考核的内容中,"项目成果"是决定院系在内部竞争中获得优胜的关键,是一年一度院系排名中取得优势的关键支撑。

2. 内部院系、专业以及教师之间围绕项目获取展开竞争

高职院校之间日益激烈的项目锦标赛同样会将激烈的竞争氛围传递到学校内部,院系、专业以及内部成员之间围绕项目的获取同样会展开激烈的竞争。这种竞争呈现出一种典型的内卷式竞争模式——在限定的存量资源条件下竞争者之间在某一特定时间内要动用一切资源打败"对手"获取胜利,类似体育中的竞技对抗类项目,只有击败竞争对手才能获取胜利。"内卷"的本意特指人类社会在一个发展阶段达到某种确定的形式后,停滞不前或无法转化为一种高级模式,只能不断地在内部变得更加复杂的现象。由于各级政府发包的项目数量是有限的,通常都需要学校之间展开竞争才能够获取,学校内部的项目申报名额的分配同样需要院系、专业以及内部成员之间展开竞争,竞争者之间不得不付出更多的努力以争夺有限的项目资源,从而导致"收益努力比"不断下降,竞争双方付出更多的努力,但收益却不会明显地增加。

高职院校内部院系、专业以及成员之间围绕项目获取所采取的竞争策略日益复杂化、精细化和常规化。其一,资源投入的力度与强度不断加大。为了能够获取有限的项目名额,高职院校内部院系、专业以及内部成员之间在资源投入的强度上不断加大。比如,有的院系、专业为了能够获取更多的高层次竞赛成绩,鼓励教师、学生尽可能多的参与各种竞赛项目,从而提升获奖的概率,动员更多的教师参与项目锦标赛,许多刚入职的年轻教师就要承担竞赛任务。其二,战备周期不断延长。为了能够在一些重要项目上取得竞争优势,学校内部院系、专业以及内部成员之间不得不延长战备周期,通过时间上的投入获取竞争优势。比如,无论是学生技能竞赛还是教师技能竞赛,许多学校通常是在一轮竞赛过后就马上组建新的竞赛队伍,甚至该轮竞赛未完成,下一轮竞赛队伍就已经开始备赛。其三,从"外围"积极寻找获取项目的突破口。为了能够在项目获取上取得优势,院系、专业以及内部成员也会通过项目竞标正常程序以外的"外围"途径来获取项目。

面对激烈竞争的项目锦标赛,学校内部院系、专业之间呈现出了日趋分化的趋势,一些在项目竞赛中取得优势的院系、专业会逐渐形成一种竞争壁垒,因为在所有的项目评审中,一般都会要求竞争者已经具备一定的竞争资质,即必须已经获取过一些重要的项目。因此,学校为了能够确保在一些项目竞赛中获取优势,通常会选择那些在项目获取数量较多的院系或专业去参与校外的项目竞争,这一竞争策略必然会导致学校内部院系、专业之间在项目获取的数量和质量上产生"马太效应",优势院系、专业将会获取更多的校外项目竞争机会,而那些位于不利位置的院系、专业将很难获取项目竞争的机会。除了院系、专业在参与项目锦标赛的过程中会出现分化现象,教师之间也会不可避免的产生分化。项目获取的机会通常会向某些重点教师倾斜,因为只有这样才能够在对外的竞争中获取优势地位,这就造成教师一旦在生涯发展的前期没能获得重要的项目,就很难在后续的生涯发展中获得足够的机会,也因此造成许多在竞争中失败的教师心灰意冷,或者安于常规教学任务的完成,或者成为教师群体中的"边缘人"。以项目获取为核心的教师竞争是一种注定会产生失败者的竞争模式,造就了部分项目"明星教师",但更多的教师被排斥在项目锦标赛之外,教师群体的分化扰乱了高职院校教师群体内部的协作生态。

3. 以成果导向为核心的激励机制导致教师行为的功利化

高职院校外部十分激烈的项目锦标赛重塑了高职院校场域内部的游戏规则,项目成果使高职院校内部院系、教师之间形成竞争的关系,没有大项目就没有大发展已经成为高职院校内部教职员工的集体意识,为了能够获得级别更高、质量更优的各种项目,高职院校不得不将激励机制的导向与项目成果直接挂钩,从而充分调动教职员工获取项目的积极性和主动性。这种直接以项目成果为导向的激励制度不可避免地造成了高职院校教职员工价值取向和行为的功利化。首先,由于功利主义的行为导向,导致高职院校专业教学团队在价值取向上较为重视项目化任务,对常规教学任务和专业建设任务普遍重视不够,因为无论是在荣誉上还是在物质上,常规教学任务和专业建设任务并不能够较快地给教师带来快速的收益,而且对教师的职称晋升也帮助不大,这必然造成高职院校专业教学团队在完成常规教学任务和专业建设任务时的松散化运行。其次,由于价值取向和行为的功利化,也在一定程度上造成了高职院校教师之间合作的困难性,因为项目成果导向的激励制度偏向于一种个人主义激励制度,绝大多数项目只有第一完成者才能够享受到项目所获得的收益,所以项目牵头者能够获得最大的收益,个体主义导向的激励制度是不利于教师之间的互动合作的,甚至教师之间也经常因为项目获取而产生内部竞争,过于激烈的内部竞争又进一步导致了教师之间在常规教学任务和专业建设任务中合作的困难。

(三)以"专断权力"为重心的组织运行

由于"项目获取"成为高职院校办学的核心目标,以权力运用为核心的组织结构与运行必然要服务于办学目标的达成,加快推进内部组织结构的调整与重构是高职院校能够在竞争日益白热化的"项目锦标赛"中拔得头筹的关键。高职院校在办学功能实现的过程中,同时存在着两种权力,一种是常规权力,一种是专断权力,这两种权力分别按照自身的运行逻辑持续不断地发挥自身功效。"从组织学的角度来看,常规机制与动员机制是两个互为替代的治理机制,有着内在的紧张和不兼容性。常规机制建筑在分工明确、各司其职的组织结构之上,体现在稳定重复的官僚体制以及依常规程序进行的各种例行活动中。"① 组织正是在这种常规机制上得以建立其稳定性、可预测性和高效率性。而以专断权力为核心的组织治理机制通常需要超常规的紧急动员过程,突破已有的组织结构才能够得到启动与运转。

1. 项目获取的办学导向强化了组织运行对专断权力的倚重

以项目获取为重心的办学导向强化了专断权力在组织中的重要作用,它常常可以随时打断、叫停高职院校组织运行中各安其位、按部就班的常规运作过程,"意在替代、突破或整治原有的官僚体制及常规体制、代以自上而下、政治动员的方式来调动资源、集中各方力量和注意力来完成某一特定任务。"② "相对于常规的治理方式,项目制突出的特点是高位阶的政府以项目形式,将某个领域整个系统从上到下各层级紧密地联系起来,将该系统的注意力和资源投入在特定项目上,打破常规的层级管理和政策约束,实现某种特定的目标,通常具有很强的资源吸附力和动员能力。"③ 以专断权力为核心的项目治理方式,在高职院校办学实践运作过程中通常表现为非制度化、非常规化和非专业化三个方面特征。非制度化是指学校为了达成项目获取这一目标而不惜打破学校既有的制度安排,经常可以突破常规制度的束缚而调集一切组织资源达成目标;非常规化是指学校本身的行动目标、组织运行以及活动方式等,都是围绕特定任务而临时设定并随时调整的,缺乏稳定性;非专业化是指组织运行一切以目标为导向,教师自身的专业权威让位于管理者的行政权威,育人目标让位于政绩目标,工具理性高于价值理性,一切以结果为导向,排斥以专业权威为核心的组织运行模式,在高效运转中达成项目获取的办学目标。

高职院校过于倚重专断权力在组织中所发挥的作用,经常以牺牲常规权力运行的合法性基础为代价,并意外造成专业教学团队在高职院校办学功能实现上地位的虚化和功能的弱化。首先表现在专业教学团队的育人目标将让位于项目获取目标。由于专断权力的运用可以一插到底,直接干预专业教学团队的运行,而且在资源整合、组织动员上具有优先性,这势必造成项目化任务的完成上升为专业教学团队的第一目标,以常规权力运行为基础的专业建设任务、常规教学任务将处于次要地位,无法获得足够注意力和资源投入。在专断权力的遮蔽下专业负责人无法彰显自身专业权威。专业负责人作为高职院校专业教学团队的负责人,是常规权力在组织基层的代表,其专业权威的发挥对专业教学团队功能的实现具有十分重要的作用,但专断权力的过度使用将会抑制专业负责人专业权威的彰显,因为以效率和结果为目标的专断权力同以过程和效益为目标的专业权威运行模式存在着根

---

①②③ 周雪光. 运动型治理机制:中国国家治理的制度逻辑再思考[J]. 开放时代,2012(09):105-125.

本的不同。专业教学团队运行被项目化任务割裂难以实现整体协同运行。由于在高职院校管理的不同线条中都存在着相关项目，在实际运行中，"块状"的专业教学团队会承接来自不同管理"线条"的项目化任务，专业教学团队势必会被来自不同线条的项目化任务割裂为目标各异的小团队，导致专业教学团队难以实现整体化运行。

2. 客观造成基层专业教学组织地位虚化功能弱化

"专业"是高职院校人才培养的基本单位，任何先进的育人理念、课改思想以及人才培养模式的创新最终都必须依靠"专业"来达成。从教育学的视角来看，专业是课程的集合，是知识传承的基本载体，但在管理学的视角下，专业是高职院校整个组织大厦中最为基层的教学组织，是高职院校为了实现办学功能而将不同职称、年龄、身份的教师组织在一起，进而通过组织内部教师之间的任务分工、互助协作来培养高素质技术技能人才。随着项目获取逐步成为高职院校办学的主要目标，以及以项目成果为导向的绩效体系在高职院校的普遍确立，在外部制度环境的影响之下，客观造成了高职院校基层专业教学组织地位的虚化和功能的弱化。

首先，作为基层专业教学组织重要职责的常规教学被忽视。常规教学是指基层专业教学组织根据专业人才培养方案的要求，以课堂为主阵地完成人才培养的相关活动，包括备课、课堂教学、教研活动、实习指导、作业批改等常规性教学工作任务。由于项目化工作任务同教师的职称评定、物质奖励、荣誉直接挂钩，通常都会受到教师的普遍关注，教师也具有较强的动力根据自身的特长去获取相关项目。因此，当有限的组织资源过度聚焦在项目获取中时，课堂教学作为人才培养的主阵地却并没有受到基层专业教学组织的普遍重视。一方面，由于教师的绩效评价主要与项目获取直接挂钩，常规教学无法进行有效监控和质量测评，因此在调研中发现许多教师强调常规教学都是在"良心"驱动下完成；另一方面，常规教学的运行不仅缺乏足够的利益驱动，高职院校也并没有给予常规教学足够的关注，所出台的管理举措都停留在形式监控层面，无法真正影响教师在常规教学中投入的热情与积极性。

其次，项目化任务破坏了基层专业教学组织运行的整体性。基层专业教学组织的运行需要保持一定的稳定性和目标方向的一致性，但由于项目化任务在高职院校办学中地位的愈加重要，而且这些任务都具有临时性、突击性、集中性的运动型特征，以专断权力为核心组织运行模式将会一插到底，直接干预基层专业教学组织的运行，而且在资源整合、组织动员上具有优先性，这势必造成项目化任务的完成上升为基层专业教学组织的第一目标，以常规权力运行为基础的专业建设任务、常规教学任务处于次要地位，无法获得足够注意力和资源投入。由于在高职院校管理的不同线条中都存在着相关项目，在实际运行中，"块状"的基层专业教学组织会承接来自不同管理"线条"的项目化任务,基层专业教学组织势必会被来自不同线条的项目化任务割裂为目标各异的小团队,导致专业教学团队难以实现整体化运行。

最后,作为基层教学组织负责人的专业带头人无法彰显其专业权威。由于项目化任务成为整个高职院校组织运行的核心目标,高职院校内部组织运行不得不倚重"专断权力"作用的发挥,而专断权力是同科层权威紧密结合在一起的。从高职院组织金字塔顶部到底部,专断权力是不断减弱的,而专业负责人作为基层教学组织的负责人,他是该专业领域内最具权威的代表者,对本专业领域最有发言权的人,因为他掌握着本专业发展最重要、最有价值的信息,在专业发展的未来发展方向上理应具备更多的话语权力,从组织金字塔底部到顶部,在该专业领域的专业权威逐渐减弱。然而,在现实的组织运行中,由于专断权力是整个组织运行的核心,就不可避免地造成了专业带头人无法发挥其自身的专业权威,无法决定专业建设的方向,也没有足够的权威去整合专业内部资源,作为基层教学组织负责人的专业带头人只是专业建设的执行者,而不是领导者。

3. 对项目化任务的倚重客观上导致组织陷入两难困境

项目化任务难以真正实现人才培养质量的提升和教师群体的内部协作,当高职院校将项目获取作为高职院校办学的核心目标时,学校内部组织资源的整合方式、组织运行模式以及权力的运行模式都将发生重要改变,然而这种改变是不利于常规教学任务和专业建设任务的完成,客观上会造成基层教学组织地位的虚化以及功能的弱化,基层教学组织难以发挥其在人才培养上质量提升的中坚作用,项目化任务的高效运行破坏了基层教学组织运行的协同性和目标的一致性,客观上造成了高职院校难以将足够的组织资源投入常规教学之中。如图7-2所示,高职院校在办学过程中存在着"跷跷板"困境,当高职院校将办学导向偏向项目获取时,学校组织目标实质上以实现高职院校场域内部的阶层跃升为目标,在价值取向上偏向工具价值,组织内部运行倚重科层权威,教学运行则以项目获取为重心,运行过程中以效率优先为第一要义,高职院校更为注重各级政府以及社会媒体机构的外部评价。与之相反,如果高职院校将常规教学作为办学的核心导向,其内部组织运行模式和资源整合方式都将同前者完全不同,在组织目标上以实现人才培养为核心目标,价值取向上偏向理性价值,组织内部运行主要倚重专业权威的发挥,运行过程中以人才培养效益为第一要义,高职院校更加关注学生家长以及行业企业的评价。

在高职院校实际的组织运行过程中,政府以及学校都将项目作为推进人才培养改革的关键抓手,无论是重点专业遴选、精品课程建设、教学资源建设,都试图通过"以点带面"的方式来推进人才培养改革的整体推进。然而,通过前期的实证调

第七章 高职院校专业教学团队运行的总体特征及成因

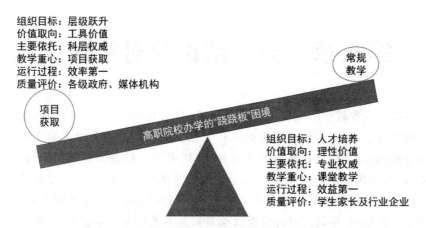

图 7-2　高职院校办学过程中的"跷跷板"困境

查研究,高职院校内部组织运行已经偏离了政策设定的良好初衷,高职院校管理者和教师将时间、精力大量投入项目申报之中,常规教学以及专业建设任务的重要性却主动或被动地忽视。项目实施推进所带来的成果如果无法进入课堂教学层面,不仅无法带动教师队伍理念及能力素质的整体提升,反而会导致团队成员之间的过度竞争,不利于团队成员之间的协作互动。

小结

通过实证调查,高职院校专业教学团队整体呈现出了碎片化运行特征,团队成员无法在完成教学任务过程中形成分布协同的运行状态,教师之间彼此的疏离逐渐成为教师合作的常态。高职院校专业教学团队碎片化运行特征的出现有着深刻的制度根源。从高职院校办学导向上来看,项目获取成为高职院校获取在整个高职教育场域内竞争优势的关键资本,也是衡量高职院校办学质量高低优劣的主要依据,这就导致高职院校普遍将项目获取作为办学的首要目标。在办学目标的引导下,高职院校在内部组织运行上不得不进行激励机制、组织管理运行机制的重构,在激励机制上构建了以项目成果为核心目标的激励体系,在组织运行上则愈加倚重专断权力在项目获取上的重要作用。由于高职院校组织运行模式以及激励机制的调整改变,导致高职院校教师行为功利化,基层教学组织地位虚化、功能弱化,作为团队负责人的专业带头人无法真正发挥专业建设领导的职责,团队成员在完成专业建设任务及常规教学任务时缺乏共同的利益基础和制度纽带。

第八章 调研结论及对策建议

高职院校专业教学团队整体上呈现出了"碎片化"的运行特征,团队成员无法形成共同的愿景,更无法形成紧密的协作互动关系。造成这一结果的主要因素在于当前外部制度环境、项目获取的办学导向、成果导向的激励机制、专断权力的过度使用,这些因素都是造成高职院校专业教学团队"碎片化"运行的重要成因。针对以上问题症结,要想推动高职院校专业教学团队的高效运行必须要对症下药。首先要重塑质量观,项目获取的层级以及多寡并不能和办学质量等同,在这一质量观下,不仅会加大学校、院系以及教师之间的分化,而且还会造成院校管理者和教师将时间以及精力主要聚焦于项目化任务上,主动或被动地忽视常规教学任务的完成。课堂教学是高职院校人才培养质量提升的主阵地,应该通过评价体系的转型、激励导向的转向以及专业权威的重塑实现专业教学团队聚焦常规教学任务与专业建设任务的高效、整体以及协调运行。

一、基本结论

高职院校专业教学团队在运行过程中呈现出了较为鲜明的异质性,在履行不同的教学任务时,专业教学团队呈现出了各不相同的运行特征。在完成常规教学任务过程中呈现了"原子化"运行特征,在完成项目教学任务过程中呈现出了"小团体"运行特征,在完成专业建设任务过程中呈现出了"单核松散式"运行特征。整体而言,可以认为高职院校专业教学团队的运行呈现出了"碎片化"的特征。之所以造成高职院校专业教学团队在完成不同工作任务过程中运行的异质性和碎片化,与高职院校所处的制度环境有着十分紧密的内在关联。从高职院校所面临的办学环境来看,"项目获取"已经成为高职院校办学的核心目标,为了能够在竞争日益白热化的"项目锦标赛"中抢占先机,高职院校不得不以"有利于项目获取"为准绳对组织机构及运行模式进行调整重构,愈发倚重"专断权力"在组织资源整合上的作用发挥,同时辅之以项目成果为导向的激励机制,从而充分调动组织资源并集中各方力量去获取数量更多、层级更高的各种项目。高职院校专业教学团队运行的"碎片化"实质上反映了当前高职院校基层教学组织功能的虚化和地位的弱化,作为基层教学组织负责者的专业负责人在各级管理层"专断权力"的过度使用下被实质性架空,无法在完成常规教学任务与专业建设任务过程中发挥自身的应有作用,基层教学组织教学改革与创新的功能让位于项目化小团队,一个个独立运行的项目小团队破坏了专业教学团队运行的整体性和目标的聚焦性,导致专业教学团队功能失调、目标失焦。有限的组织资源过度聚焦于项目获取上,而常规教学与专业建设任务被专业教学团队有意或无意的忽视,这是高职院校项目获取的办学导向、金字塔式权力配置和成果导向的激励机制共同作用下的客观后果。

二、对策建议

要改变高职院校专业教学团队运行的"碎片化"状态,不能仅从专业教学团队本身入手。如果仍然试图通过项目化途径来重点打造一批示范性专业教学团队,并不能真正达到整体提升专业教学团队运行效果的政策初衷,因为在不改变专业教学团队运行制度环境的前提下,通过项目途径来建设一批重点专业教学团队,并不能真正改变专业教学团队的运行的外部生态。根据制度环境与高职院校专业教学团队运行的内在关联,要推动专业教学团队从碎片化向分布协同的转变,必须要改变当下职业教育的治理格局。要重新调整各级政府、院校、行业企业之间的协作互动关系,通过系统性的制度构建引导高职院校将办学重心聚焦到课堂教学上,为高职院校专业教学团队的整体、协调及高效运行提供制度基础和利益纽带。

(一)理念转型:课堂教学始终是高职教育高质量发展的主阵地

2021年10月,中共中央办公厅、国务院办公厅印发《关于推动现代职业教育高质量发展的意见》,明确了现代职业教育高质量发展的基本方向和行动指南。"推动现代职业教育高质量发展"是当下和今后较长时期我国职业教育发展的核心议题,也是亟待破解的关键难题。尽管围绕职业教育高质量发展的政策文件频发、制度规定不断增补、资源投入逐年增长,但学生、家长以及社会对职业教育质量不高的印象并没有显著改观。在高职教育高质量发展逐渐成为整个社会广泛关注的热点话题之时,有必要厘清高职教育高质量发展的价值取向和内涵实质,这是推进高职院校专业教学团队优化调整的根本依据,也是评判高职院校专业教学团队运行优劣的主要评判标准。

1. 高职教育高质量发展的"定盘星"是学生职业能力发展

所谓质量主要是指客体的一组特性满足要求的程度,高职教育质量的高低主要是自身的一组特性满足受教育者和行业、企业等多元利益主体需求的程度。高职教育高质量发展并没有绝对的客观标准,也不能从单一主体的利益诉求和价值标准出发来判定高职教育质量的高低。把握高职教育高质量发展的内涵实质需要找到高职教育多元利益主体诉求之间的最大公约,并以此为逻辑起点去深化拓展高职教育质量发展的具体内涵。政府、学生、家长、行业、企业是高职教育质量高低的主要评判者,也是高职教育质量高低的核心利益相关者,他们利益诉求满足的程度直接决定了高职教育质量的高低。对于政府而言,高职教育高质量发展意味着高职教育能够促进所在区域产业发展、增进社会和谐并提高人民幸福感;对于学生、家长而言,高职教育高质量发展意味着高职教育能够给学生较好的职业发展机会,帮助学生步入社会后凭借一技之长取得良好的经济待遇和社会地位;对于行业、企业而言,高职教育高质量发展意味着高职教育能够满足行业、企业的用工需求和人才储备,从而提升行业、企业竞争力。然而,不同主体之间的利益诉求不可能完全一致,必须要找到不同主体利益诉求的核心交汇区才能明晰学校办学的重心。如图 8-1 所示,学生职业能力发展正是各方利益诉求的最大公约,它是实现其他利益诉求的前提基础,没有学生职业能力的提升,学生将难以适应高薪职业岗位的需求,不仅无法满足行业、企业的人才需求,更加难以推进区域产业的发展进步。因此,提升学生职业能力发展水平是高职教育发展的核心职责,评判高职教育质量发展高低的关键标准便是高职教育是否推动了学生职业能力发展水平的提升。

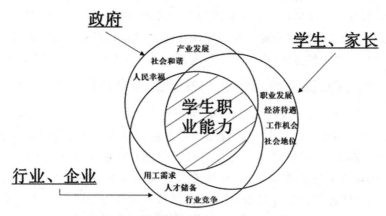

图 8-1 高职教育高质量发展核心要义示意图

2. 高职教育高质量发展的"主基调"是整体均衡发展

高职教育高质量发展不是发达地区院校和部分优势院校的发展,而是不同区域之间、不同院校之间以及院校内部不同专业之间都能够实现整体、均衡发展。所谓整体发展,就是要保证接受高职教育的每一个学生能够真正实现职业能力发展水平的整体提升,不能以部分院校、专业和学生的发展来替代整体,不能因为资源投入见效慢而采取局部优先发展的策略,从而忽视绝大多数学生接受高质量高职教育的权益。所谓均衡性发展,是指职业学校毕业生职业能力发展水平应同区域产业发展相适应,高职教育的规模结构能够同区域社会经济发展相匹配,毕业生职业能力能够满足区域内行业、企业的需求。"职业教育是以就业为导向的教育,职业教育质量内在表现为学生的综合素质,外化表现为毕业生的就业水平。不同区域、不同专业类型职业院校的毕业生由于行业、企业发展的需求不同,对其职业技能要求会有所差异,但其综合能力,尤其是学习能力、创新能力应该力求均衡。"①高职教育质量高低的评判不能够以部分优势院校、优势专业和优秀学生来替代整体,每一个接受了高职教育的学生都能够实现自身职业能力提升,都能够通过职业能力提升在社会上找到与能力相匹配的工作机会,从而实现个人价值与社会价值的有机统一,"不让一个学生掉队"是高职教育高质量发展的内在要求。

3. 高职教育高质量发展的"主阵地"是课堂教学

高职教育高质量发展必须通过教师课堂教学(既包括理论课堂教学,也包括实践课堂教学)才能够达成实现,"教育质量保证的关键在课堂,教师不能静心于课堂教学,高职教育发展中的所有繁荣景象都是虚幻的。"②职业能力发展是高职教育高质量发展的核心目标,而学生职业能力的整体均衡发展必须要通过课堂教学才能够达成,因为课堂教学是高职教育人才培养的重心,是学生接受职业知识学习的主要场所,高职教育资源投入、课程改革以及教师专业发展的最终目标都是为了提高课堂教学的效率与质量。首先,学生习得完整职业知识,实现职业能力发展的主要场所在课堂。对于学生而言,课堂是学生学习专业知识、激发职业志向、发展职业能力的主要场所,如若学生在课堂教学中未能积极投入,也很难在课后有足够的动机投入学习之中。其次,教师提升教学能力,实现自身专业发展的主要场所在课堂。对于教师而言,课堂是教师改进教学方法、教学反思范式、增进教学技艺的主要场所,如若教师未能将时间、精力充分投入课堂教学之中,教师专业发展就如同无源之水。最后,学校推进"三教"改革,实现人才培养质量提升的关键在课堂。对学校而言,无论是教师改革、教材改革,还是教法改革,最终都是为了让教师在课堂之中通过现代化的教育理念和教学手段将职业知识高效地传递给学生,课堂是"三教"改革成效的最终"检阅场"。

高职教育办学质量的提升必须要以常规教学为抓手,课堂教学是人才培养质量提升的根本途径,只有每一名教师都积极认真地投入课堂教学之中,才可能实现人才培养质量的系统提升。之所以过往课程改革理念难以深入推进实施,学科本位课程体系"坚不可摧",最为重要的原因便是我们没有将人才培养改革的重心和依靠寄托在一线教师身上,教师成为整个课程改革过程中的被动接受者,没有充分激发教师参与课程改革的热情。高职教育办学质量的提升必须要回归课堂教学,重视课堂教学,以课堂教学为主阵地不断推进人才培养模式改革创新,从而真正通

---

① 马树超,王琴,唐林伟.职业教育:非均衡状态下的协调发展——推进区域职业教育均衡发展的战略选择[J].教育发展研究,2011,31(05):1-7.

② 徐国庆.让教师静心于课堂教学[J].职教论坛,2014(09):1.

过提升人才培养质量满足学生家长及行业、企业的利益诉求。高职院校专业教学团队运行"碎片化"真正的成因在于高职院校没有真正重视常规教学,没有将有限的组织资源聚焦在课堂教学中,无论是管理者还是教师都将项目获取作为办学的核心目标。要想改变专业教学团队"碎片化"运行的困境,高职院校必须确立新的质量观,将常规教学质量的提升作为人才培养质量提升的核心,将课堂教学作为人才培养的主阵地,不再将项目获取作为办学的核心目标,"金杯银杯不如学生家长的口碑",必须要将行业、企业评价和学生、家长评价作为人才培养质量提升的主要评价依据,唯有高职院校将办学导向聚焦在常规教学之中,才有可能真正改变高职院校专业教学团队"碎片化"运行的现状,才能够让教师之间围绕课堂教学形成紧密的协同合作关系,避免教师之间因为项目竞争而产生教师群体内部的分化与区隔。

(二)评价转向:以学生职业能力发展为核心构建评价体系

中共中央 国务院印发的《深化新时代教育评价改革总体方案》中明确提出,教育评价事关教育发展方向,有什么样的评价指挥棒,就有什么样的办学导向。同时针对职业院校办学,提出了"重点评价职业学校(含技工院校,下同)德技并修、产教融合、校企合作、育训结合、学生获取职业资格或职业技能等级证书、毕业生就业质量、'双师型'教师(含技工院校'一体化'教师,下同)队伍建设等情况,扩大行业企业参与评价,引导培养高素质劳动者和技术技能人才"。①高职院校必须重新确立评价指挥棒,不能再将"项目获取的数量和级别"作为评判高职院校、二级院系、专业以及教师的核心指标,而应将学生职业能力是否获得发展作为质量评价的核心依据,这是国际职业教育高质量发展的基本经验,也是推进高职院校专业教学团队高效运行的前提基础。

1. 学生职业能力发展是职教发达国家办学的核心目标

推进学生职业能力发展是世界各国职业教育办学的核心目标,也是衡量职业教育办学质量与水平的核心依据。"双元制"职业教育一直被视为德国经济腾飞的秘密武器而享誉全球。"德国工业的强大竞争力和创新力在很大程度上由其所拥有的能力支撑着,这些能力一方面是从双元制职业教育体系中产生的,另一方面是由长期形成的工程师传统而来的,即德国的工程师们常常在接受学术性教育之前先完成技术工人的培训。"②德国联邦职业教育法中明确规定了"职业行动能力

---

① 中共中央 国务院. 深化新时代教育评价改革总体方案[EB/OL]. http://www.moe.gov.cn/jyb_xxgk/moe_1777/moe_1778/202010/t20201013_494381.html

② 菲利克斯·劳耐尔. 双元制职业教育——德国经济竞争力的提升动力[J]. 职业技术教育,2011,32(12):68-71.

(Berufliche Handlungsfaehig keit)"是职业教育高质量发展的核心,"职业教育的目的是在一个规范的专业课程传授中给学生以在不断变化的工作环境里能合格地从事职业工作而必备的技能、知识和能力,以及学生获得必要的工作经验。"[①] TAFE(Technical and Further Education)是澳大利亚职业教育的主体力量,是澳大利亚职业教育的"名片"。经济合作发展组织(OECD)认为:"澳大利亚具有世界级水平的职业教育体系,在世界范围内享有非常高的认可度和信任度。"[②]"能力本位"是澳大利亚职业教育的核心理念,无论是在课程开发还是在资格认证上都体现了基于能力本位的课程教学与评价的思想。澳大利亚在 2015 年颁布的国家职业核心能力框架将管理职业与工作生活、处理好角色、权利和协议、与他人工作和交流、计划与组织、做出决定、识别并解决问题等十个能力领域作为职业核心能力的主要内容。[③] 1994 年,英国政府开始启动"现代学徒制计划",自此之后出台了一系列法律法规来推动现代学徒制的深化改革,是英国最为重要的职业教育改革战略。英国现代学徒制被视为"振兴职业教育与培训体系的国家行动计划"。英国现代学徒制同德国双元制、澳大利亚 TAFE 一样,将学生职业能力发展作为人才培养的核心目标,经过培训后都要求取得国家职业资格证书,并获得现代社会所需的关键能力,如计算能力、沟通能力、信息技术能力以及问题解决能力和团队合作能力。英国规定实施现代学徒制的目标为:提供一种工作本位的培训项目,这个项目兼有技术、工艺和管理技能的资格认证,要求学徒结业时至少获得 3 级国家职业资格证书(National Vocational Qualification)。[④] 基于以上分析,"学生职业能力发展"是职教发达国家职业教育办学的核心目标,是衡量职业教育办学质量的核心评价依据。

2. 学生职业能力测评制度是职业教育质量评价制度体系的核心

从学生职业能力测评制度体系来看,职教发达国家聚焦学生职业能力发展,建立较为完善的学生职业教育发展测评制度体系。德国对"双元制"毕业生的职业能力测评采取了严格的"教考分离"制度设计。"双元制"职业教育学生要经历两次重要考试,分别是中间考试和毕业考试,两次考试的形式和内容较为一致,都包括了理论考试和实践操作考试两个部分。两次考试都由行业协会组织的考试委员会主持,全国统一命题,同一专业的考试在同一天进行,两次考试都包含了笔试和实践操作。两次考试都以企业成绩为主,职业学校成绩为参考。通过考试的学生可以

[①] 陈钰.德国"双元制"职业教育成功的关键因素分析[J].成人教育,2019,39(10):79-84.

[②] 苏彦.澳大利亚 TAFE 模式对我国高职教育发展的启示[J].厦门科技,2018(02):31-34.

[③] 姜春云,徐涵.澳大利亚高等职业教育的课程标准研究及启示——以新南威尔士州 TAFE 学院为例[J].中国职业技术教育,2019(21):30-35.

[④] Prue Huddleston. Modern apprentices in college:'something old,something new'[J]. Journal of Vocational Education & Training,1998,50(2):277-290.

获得行会颁发的资格证书和学校颁发的毕业证书。"由于考试由行业协会组织实施,这就有利于考试按照《职业教育条例》的考试要求进行,而不是根据哪一个培训机构(企业或职业学校)中所传授的具体内容,从而更客观地评价了职业教育的培训质量。"[①]"这种办法有效保证了考试考核标准的统一和效果的公正,是获取职业资格证书的科学认定,也是教学效果和培训质量的公正评估。"[②]澳大利亚建立了全国统一的国家资格框架(AQF),并同时建立了全国统一的资格考评制度帮助TAFE学院以科学、公正的方式进行考评,考评与澳大利亚质量培训框架、培训包相一致,从而使得考评有效、可信、灵活和公平,职业资格考评指南是培训包的三个主要组成部分之一。澳大利亚职业能力测评通常由TAFE学院组织实施,主考官由本行业、本职业领域的专家组成,强调现场考评和全面考评,对职业资格的各个能力单元逐一进行全方位考评,注重实际工作成果而不是卷面分数。对学生职业资格考核一般分为理论和实践两个部分,理论考核水平要求较低,主要是对学生实践能力的考核,考核结果分为合格和不合格两种,对于不合格的学生需要加强培训,直至达到合格要求。英国现代学徒制和国家职业资格证书制度紧密联系在一起,学徒制的完成以学徒获得各类职业资格证书为依据,学徒是否能够获得职业资格证书要经过专门的职业能力测评后才能够确定其是否达到要求。现代学徒制职业能力测评方式区别于传统的书面测试,坚持能力本位理念为指导,不仅关注学徒掌握了什么知识,更关注学徒是否能够完成相关职业任务。考试就在企业实际的工作现场进行,或者在模拟的工作情景中对学徒进行能力测试、技能测试、熟练度测试等。除了基于职业资格证书的能力测评外,英国现代学徒制还有一项辅助性考核评价,即操作性实践考评,"学徒还必须接受培训师傅与评估人员在企业工作实践现场的不定期考核,这些人员主要受政府授权的第三方认证机构委派,严格监督和评估学徒的实践培训项目进展情况。"[③]

3. 构建独立、权威、公正的职业教育学生职业能力发展测评制度体系

基于对德国、英国和澳大利亚职业教育高质量发展制度逻辑的深入分析,可以发现"职业教育学生职业能力测评制度体系"是推进现代职业教育高质量运转的核心,尽管不同国家学生职业能力测评制度的具体设计和运行方式上存在着差异,但无一例外都在国家层面建立了全国统一的具有公信力和权威性的学生职业能力测评制度。对于我国而言,要实现现代职业教育高质量发展必须向职教发达国家学

---

① 雷正光.德国双元制模式的三个层面及其可借鉴的若干经验[J].外国教育资料,2000(01):78-80.
② 赵璞,任雅洁.从德国职业教育经验看我国高等职业教育考试与考核模式改革[J].继续教育研究,2010(05):90-91.
③ 杨信.英国现代学徒制发展的历史沿革、特征及启示[J].教育与职业,2018(19):94-100.

习借鉴,加快构建国家职业教育学生职业能力测评制度体系,将学生职业能力测评的权力从学校和教师手中收归国家,因为该制度的构建是一项意义价值重大、利益牵涉广泛的重要工作。

首先,在学生职业能力测评的制度设计上应按照"管办评"分离的原则凸显独立性。职业教育学生职业能力测评应首先在全国层面建立统一的制度框架体系,该项工作建议由国家教育督导委员会负责牵头实施。在国家教育督导委员会组织下成立全国职业院校学生职业能力测评中心,由其联合全国行业职业教育教学指导委员会根据国家职业教育教学标准制度体系研制各个专业领域都能够使用的学生职业能力发展模型,明确不同层次职业教育毕业生应达到的职业能力发展水平,并制定统一的测评方法与程序。其次,在学生职业能力测评方法以及程序上应通过科学、精密的设计凸显权威性。在职业能力测评方法的开发上应按照经济性与有效性的原则开发职业能力测评方法,保证职业能力测评既能够真实反映学生职业能力发展水平,又能够大规模地应用实施。"建议借鉴德国 IHK 和 HWK 职业教育毕业考试的经验,研究既能保证专业内容效度,又能满足考试科学性要求的试题模型,建立标准化考试组织流程和评分模式(包括笔试、实操和口试),探究全方位呈现考试结果的方式。"[①]最后,在学生职业能力测评的组织运行上应按照规范严格的原则凸显公正性。在国家确立学生职业能力测评制度架构和实施程序、规则基础上,应由省级教育督导委员会联合省级教育考试机构、省级职业教育行业教学指导委员会负责在各个省份具体开展本省职业能力测评工作。在测评工作的组织运行上应做好考试结构、命题、形式、时间、组织、考试场地、设备管理、考场规则、阅卷评分以及成绩分析等测评全过程的标准化、规范化,保证测评的公正性。

(三)制度互构:强化高职院校高质量发展的外部保障体系

"无论是职业院校的办学水平还是职业教育体系的建设状态,都不是当前职业教育发展中的关键问题,当前职业教育发展中的关键问题是国家基本制度不健全。"[②]要破解专业教学团队"碎片化"运行的困境,亟待通过体系化的制度建设避免高职院校办学行为的功利化和短视化,加强部门协同和政策统筹,弱化项目化治理工具的使用频度,建立以制度建设为核心的常态化治理机制,从而为高职院校发展创造一个稳定的、可预期的制度环境,引导高职院校关注长远利益和办学积淀。基

---

① 赵志群,黄方慧."职教高考"制度建设背景下职业能力评价方法的研究[J].中国高教研究,2019 (06):100-104.

② 徐国庆.职业教育实现现代化的关键是完善国家基本制度[J].华东师范大学学报(教育科学版), 2021,39(02):1-14.

于对职教发达国家职业教育体系的经验借鉴，我国职业教育制度的系统完善应从教学标准制度、学生职业能力测评制度和质量评价及监管制度保障制度三个方面进行系统优化。职业教育教学标准制度体系规定了职业教育学生发展到何种水平才能称其为高质量发展。职业教育教学标准制度体系是职业学校课堂教学实施的核心依据。职业教育教学标准制度体系是职业教育高质量发展的基础性工程，它不仅从根本上规范与引导了教师在课堂教学中的教学方式与行为，也为评判职业教育高质量发展目标是否达成提供了根本依据。职业教育学生职业能力测评制度体系则是对学生职业能力发展水平展开具体测评，通过对学生职业能力发展水平的测评来评判学校办学是否达到高质量标准。只有建立公正、权威以及客观的学生职业能力测评制度体系，才能够深入了解相关标准是否真正落实到了课堂教学一线，而且学生职业能力测评也是评价教师课堂教学水平的核心依据。职业教育质量评价及监管保障制度体系是保证职业教育实施机构依据国家教学标准制度体系培养学生职业能力发展的关键。职业教育质量评价及监管保障制度体系和教学标准制度体系和学生职业能力发展测评制度体系应实现紧密的协同互动，对职业教育实施机构进行质量评价和监管都必须依据学生职业能力测评结果和国家教学标准制度体系，唯有如此才能够保证职业教育实施机构严格按照国家标准落实人才培养。

1. 以学生职业能力发展为核心完善职业教育质量评价及监管保障制度

中共中央 国务院印发的《深化新时代教育评价改革总体方案》中明确提出，教育评价事关教育发展方向，有什么样的评价指挥棒，就有什么样的办学导向。职业学校办学行为功利化、课堂教学地位边缘化的根本原因在于职业教育评价的"唯项目"，项目评价已经成为职业学校办学质量评价的核心要素，在项目评价指挥棒的引导下，职业学校普遍将项目获取作为办学的核心目标，从而导致职业学校组织资源无法聚焦课堂教学，组织运行偏离学生职业能力发展。因此，要推进现代职业教育高质量发展必须重新确立以"学生职业能力发展"为核心的评价指挥棒。政府对职业院校办学质量与办学绩效的评价应凸显"学生职业能力发展"的核心地位。国家及省级教育督导委员会对职业院校办学质量的评价应以学生职业能力测评结果为基本依据，搭建全国职业院校学生职业能力测评数据库公共服务平台，基于该平台可以对所有职业院校历年毕业生测评通过率、高分通过率、测评平均分、各指标全国排名情况进行全面分析和展示。各级政府在制定职业院校办学绩效考核指标、项目承接的遴选指标、经费分配指标上应将学生职业能力测评结果作为核心依据。国家对省级政府职业教育履职情况的督导评价上也应以学生职业能力测评结果为主要依据。

2. 加强关键制度要素之间的衔接互构，确保课堂教学依标开展

职业教育教学标准制度体系是现代职业教育高质量发展的"基石"，教学标准制度体系要想发挥作用的关键在于落地实施，即职业院校能够真正按照办学标准、专业教学标准、实习实训标准、师资标准等要求进行资源投入、专业建设和师资培养，职业院校教师要按照课程标准、学生能力标准的要求实施课堂教学。然而，我国职业教育教学标准制度体系在制定上还存在着行业、企业参与不足，结构不完善、内容不清晰的问题，在实施上也存在着教学标准制度同学生职业能力测评制度、质量评价及监管保障制度关联程度较弱的症结。

首先，优化教学标准制度体系开发机制，强化职业教育教学标准对接国家职业标准体系。为了能够保证职业教育教学标准制度体系开发的系统性和权威性，职业教育教学标准体系开发应实现和职业标准体系的联动性。有必要通过国务院部级联席会加强教育部和人社部的沟通，将国家职业标准相关机构纳入国家教学标准制度体系开发体系之中。该机构重在对国家职业教育教学标准制度体系的审核，以判断其是否符合国家职业标准的能力要求。

其次，强化职业教育教学标准制度体系和职业教育质量评价及监控保障制度的关联性。各级政府对职业教育人才培养过程和培养结果的评价和监管保障上应将教学标准制度体系的落地实施作为核心，不仅要抓紧构建基于国家专业教学标准的职业教育专业认证制度，还要建立教学标准制度体系落地实施的监督机制，对教学标准的落实情况进行评估和监督，将标准落实情况作为评判职业学校办学的主要依据。

最后，强化职业教育教学标准制度体系和职业教育学生职业能力发展测评制度的关联性。国家学生职业能力发展测评制度的建构应严格按照国家教学标准制度体系中对学生职业能力的要求来开发测评模型及试题库，国家教学标准制度体系的开发则应明确不同专业领域、不同层次学生所应达到的职业能力发展水平，并对能力测评方法和测评程序进行细致规定。总而言之，要通过强化教学标准制度体系和学生职业能力测评制度、职业教育质量评价及监管保障制度之间的内在逻辑关联，保证标准能够真正落实到课堂教学一线。

高职院校办学质量提升的关键要素及逻辑关联如图8-2所示。

（四）权威重塑：以专业权威为核心优化学校内部组织运行

高职院校必须认识到自身作为一个育人组织的办学使命，必须重视发挥专业权威在高职院校办学功能实现上的重要地位，弱化科层权威、专断权力对高职院校基层教学组织的干扰，为专业权威的发挥提供良好的内部环境，从金字塔式的权力架构格局向扁平化转变，彰显专业权威在教书育人、专业建设、服务产业发展等方

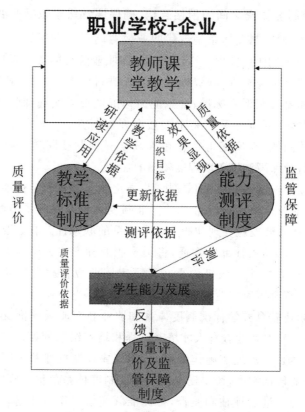

图 8-2 高职院校办学质量提升的关键要素及逻辑关联

面的重要作用。"专业"既是高职院校开展人才培养、科学研究以及社会服务的基本载体,同时也是高职院校进行教育教学管理的基本单位,是高职院校最为基层的教学组织单元,专业带头人则是这一基层教学组织的负责人和团队领袖。加强基层教学组织建设,发挥其在教书育人、科学研究及社会服务当中的主体地位正是有效推动专业带头人专业化实现的制度前提。当前,高职院校基层教学组织的运行过于保守和封闭,由于垂直化的科层制管控在教育教学资源整合上具有绝对权威,对教育教学过程实行严密的规范和控制,基层教学组织仅仅履行着学校分派教学任务之"职",而缺乏履行专业建设以及教育教学之"权",在责任与权力不对等的情况下,基层教学组织逐步成为一个封闭的系统,自组织和自我活力严重缺乏,很难灵活敏捷地应对外部环境的挑战。加强基层教学组织建设并推动专业带头人专业化的实现应基于专业建设领导者的角色定位重新对教育教学管理运行机制进行调整优化。高职院校基层教学组织两种运行模式的对比分析如表8-1所示。

表 8-1　高职院校基层教学组织两种运行模式的对比分析

运行特征	权威依靠	
	以专业权威为核心	以科层权威为核心
组织运行特征	分布协同创新	垂直科层管理
职能部门工作方式	平台搭建、服务基层、培育文化	下发指令、完成上级指示、发布项目、监督考察
上级管理者工作方式	提供支持、辅导和帮助	设置目标、绩效考核及监督
专业带头人工作方式	全面领导专业建设工作 主动思考专业建设未来方向 拥有相应的人、财、物权力	监督执行上级布置的工作 不主动思考专业建设的方向 没有相应的人、财、物权力
专业教学团队运行方式	共同体工作模式 依靠核心团队开展工作	个人工作模式 上传下达、执行学校要求
教师发展动机	强	弱
教师动力源泉	成就感、荣誉感、道德感	外部激励、管理压力、晋升

1. 建立扁平化教学管理运行体制，激发专业教学团队的创新活力

"在一个知识密集型的组织中，如果不在组织成员中分布领导职能，要完成类似于教与学这样的复杂任务是不可能的。"[①]在传统的科层管理体制下学校和院（系）是管理的重心，专业一级的基层教学组织更多地承担执行者的角色，专业建设全靠学校和院（系）一揽子运作无疑是低效的，决策延误或失误时有发生。因此，为了能够让组织更加灵活地适应外部社会的需求，应深化二级管理体制改革，通过纵向权责的调整，逐步改变自上而下的刚性化的行政管理模式，将人才培养质量管理的主体与责任重心真正下移至"专业"层面，激发基层教师的创新活力，逐步缩短信息-决策链条的幅度距离，实现专业建设知识分布与专业建设决策权的最优匹配，真正实现"让一线呼唤炮火，让真正听得见炮声的人进行决策"。明确校院（系）两级

---

① Gronn P. Distributed Properties: A New Architecture for Leadership[J]. Educational Management Administration & Leadership, 2000, 28(3):317-338.

管理的"平台"功能,服务基层教学组织。无论是校级层面还是院(系)级层面,各级管理者以及职能管理部门都是为基层教学组织服务而设置的,并不是越多越好、越全越好,基层教学组织不需要的就是多余的,逐步探索形成以基层教学组织为重心的教育教学资源分配机制,学校的人、财、物等优质资源,应该在基层教学组织需要时就能够发挥作用,及时提供支持,而不是让拥有资源的人来指挥一线教学,降低内部协调运行成本,让真正了解外部市场需求变化的人来进行决策,并为基层教师组织的创新发展提供优质的服务支持。

2. 彰显专业带头人在专业教学团队中的领导者定位,发挥其专业领导力

高职院校专业带头人是指在"专业"这一基层教学组织中,肩负着专业发展规划、专业课程体系开发、专业教学资源整合、专业教学问题诊断与改革等专业建设职责,具备领导专业建设所应具备的素养与能力,能够通过多种途径影响专业教师并带领专业教学团队达成专业发展目标的教师。① 他们是师资队伍的"领头羊",也是师资队伍建设的"牛鼻子"。在专业建设未来的方向以及具体路径上,以及在人、财、物等资源的分配使用上,专业带头人都必须拥有与其责任相一致的权力,让专业带头人真正成为专业建设的当家人,只有充分发挥专业带头人的积极性与创造性,通过办学"权力"的"下放"和办学"风险"的"下移",才能够真正发挥专业带头人的"带头"作用,因为他们作为专业教学团队中的最高学术权威,理应成为专业建设改革的第一责任人,通过自身学术影响力的发挥带动其他教师提升自身的专业素养。而职能管理部门则主要通过理念引领、标准制定、问题诊断等工作,从管理教学向服务教学转变,从直接干预教学向环境创设转变,激发基层教师在教学、科研与社会服务上的主动性,而不是具体干预专业带头人如何开展专业建设,帮助专业带头人改善专业建设绩效,解决工作中遇到的问题与困难。专业带头人在高职院校中所肩负的重要建设职责如图8-3所示。

为了能够有效提升高职院校专业带头人领导专业建设的主动性,高职院校需要在学校层面进行顶层规划,以专业建设绩效为依据构建激励考核评价机制,弱化职称评定导向对专业带头人领导专业建设工作积极性的消极影响。首先,对专业带头人的激励应坚持"软硬兼施",既要重视对专业带头人的精神激励,又要重视物质激励,制定具有吸引力的岗位津贴制度,保障专业带头人的工作条件和待遇,为专业带头人提供较为充足的制度、经费、人力和服务支持,在评优、晋级等方面也应重点向其倾斜。除此之外,还应在全校范围内营造尊重专业带头人的良好工作氛围,对专业建设成效突出的专业带头人应授予较高的荣誉地位。其次,根据专业建

---

① 王亚南,石伟平. 转型发展背景下高职院校专业带头人角色定位的实证研究——基于对专业带头人岗位职责书的内容分析[J]. 中国职业技术教育,2017(15):14-21.

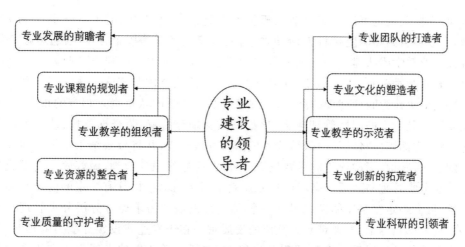

图 8-3　专业带头人在高职院校中所肩负的重要建设职责

设绩效建立激励考核评价机制,将考核结果与奖励津贴以及职称晋升相挂钩。根据专业带头人的职责要求和专业建设的要求设定专业带头人考核评价指标,在每个年度应根据专业带头人履职情况进行考核评价,由教学工作委员会组织开展实施,考核后按照考核结果发放岗位津贴,对于不合格的专业带头人应该解聘,从而建立"能上能下、能进能出"的竞争格局。最后,改变过往以个人绩效导向为重心的激励考核评价机制,从"个人为主、团队为辅"向"团队为主、个人为辅"转变——专业建设绩效的高低不仅会影响到专业带头人自身岗位津贴与奖励的多寡,也将影响到整体团队成员的收益获得,从而激励专业教学团队成员从关注个人所获向聚焦专业建设绩效转变,共同致力于专业建设质量的提升。

3. 优化团队建设管理制度,提升团队运行绩效

为了能够提升专业教学团队运行的有效性,高职院校需要加强团队建设的相关制度,不仅要为团队运行创设一个良好的外部环境,还应有效激发团队运行的内部动力,通过搭建校企合作平台保障团队结构的多元化和运行的高效性。首先,深化产教融合,搭建校企双向互动的人员流动机制。职业教育属于典型的跨界教育,高职院校课程教学活动离不开企业的有效支撑,企业不仅能够为高职院校提供一批经验丰富的兼职教师,同样也能够为高职院校教师技术实践能力的提升提供教师下企业实践锻炼的机会。因此,高职院校应同企业建立深入的校企合作交流机制,通过职教集团、产业学院、混合所有制等多种突进形式建立紧密的合作交流机制,积极探索高职院校与企业之间的人员双向交流互动,从而实现学校与企业的人才共享。一方面,企业可以为高职院校教师提供访问工程师、教师企业实践流动站、技能大师工作室等平台吸引教师服务企业技术研发,促进科技成果转化;另一

方面，高职院校也可以选聘企业工程技术人员、高技术人才、能工巧匠担任兼职教师，有效参与到高职院校育人活动之中，通过建立稳定的校企合作机制，推动高职院校专业教学团队建设的开放性与包容性。其次，应建立有利于专业教学团队建设的教师激励机制。教师激励机制的建设应将团队整体和团队个体之间的利益矛盾冲突解决作为制度建设的重点，一方面应赋予教学团队负责人相应的权力，尤其是要赋予其一定的团队管理权力，比如物质奖励分配权、荣誉推荐权、绩效评定权等，另一方面则应将教学团队绩效考核作为考核重心，并将考核结果作为个体绩效分配、荣誉获取、职称评定的重要依据。最后，应做好顶层规划，做好团队内部成员的分层分类管理与发展。高职院校专业教学团队内部结构具有一定的复杂性和多样性，因此一定要基于团队内部不同教师生涯发展的需求做好分层分类管理与发展。在教师培养上，专业带头人队伍的发展重心在于专业建设领导能力的提升，骨干教师队伍的发展重心在于课程开发能力，初任教师队伍的发展重心在于课堂教学能力，而兼职教师则应将培养重心放在教育教学能力的提升上。在内部管理上则应长远规划，助推教师专业成长，建立并完善教师教学能力标准制度体系，以标准为引领建立体系化的教师培训体系，强化教师培训的针对性与有效性。

参 考 文 献

[1] 乔恩·R.卡曾巴赫.团队的智慧[M].北京:经济科学出版社,1999.

[2] 邵建东,王振洪.高职"双师结构"专业教学团队及其整合培育[J].高等工程教育研究,2012(03):167-171.

[3] 王利爽,阳荣威."双一流"建设背景下"C9联盟"高校师资队伍及结构调查研究[J].大学教育科学,2017(06):32-37.

[4] 王希琼.高等职业院校专业教学团队建设问题研究[D].重庆:西南大学,2008.

[5] 贺毅.高职院校专业教学团队建设研究[D].南宁:广西大学,2012.

[6] 斯蒂芬·P.罗宾斯.管理学[M].4版.北京:中国人民大学出版社,2003.

[7] 彼得·F.德鲁克.知识管理[M].北京:中国人民大学出版社,1999.

[8] 姜大源.职业教育教学思想的职业说[J].中国职业技术教育,2006(22):1.

[9] 王亚南,石伟平.转型发展背景下高职院校专业带头人角色定位的实证研究——基于对专业带头人岗位职责书的内容分析[J].中国职业技术教育,2017(15):14-21.

[10] 李庆臻.科学技术方法大辞典[M].北京:科学出版社,1999.

[11] 裴提娜.教育研究方法导论[M].合肥:安徽教育出版社,2019.

[12] 刘庆昌.一种弱功利的教育评价哲学[J].教育发展研究,2018,38(12):1-11.

[13] 孟凡丽,魏宝宝.学校教研的价值厘清、问题透视与改善路径[J].当代教育与文化,2019,11(04):22-32.

[14] 曾天山,陈斌,苏敏.以高水平赛事促进"岗课赛证"综合育人——基于2021年全国职业院校技能大赛分析[J].中国职业技术教育,2021(29):5-10.

[15] 王亚南.高职院校专业带头人能力模型构建及发展研究[D].上海:华东师范大学,2018.

[16] 孙冠男.探究高职院校专业带头人在专业建设中应承担的角色[J].林区教学,2012(05):3-4.

[17] Muray G. Narrative Inquiry[C]//Juanita Heigham and Robert A. Croker. Qualitative Research in Applied Linguistics: A Practical Introduction. Palgrave Macmillan,2009:45-65.

[18] 李硕豪.权力博弈:一所中国大学内部权力运行的故事[M].北京,中国社会科学出版社,2011.

[19] 张良."项目治国"的成效与限度——以国家公共文化服务体系示范区(项目)为分析对象[J].人文杂志,2013(01):114-121.

[20] 渠敬东.项目制:一种新的国家治理体制[J].中国社会科学,2012(05):113-130+207.

[21] 项目管理协会.项目管理知识体系指南[M].王勇,张斌,译.北京:电子工业出版社,2009.

[22] 皮埃尔·布迪厄,华康德.实践与反思——反思社会学导引[M].李猛,李康译.北京:中央编译出版社,1998.

[23] 王亚南,林克松.高职院校同质化惯习的诱发机理及消解路径[J].现代教育管理,2015(09):105-110.

[24] 陈廷柱.警惕高等教育质量项目化[J].大学教育科学,2019(05):11-12.

[25] 周雪光.运动型治理机制:中国国家治理的制度逻辑再思考[J].开放时代,2012(09):105-125.

[26] 马树超,王琴,唐林伟.职业教育:非均衡状态下的协调发展——推进区域职业教育均衡发展的战略选择[J].教育发展研究,2011,31(05):1-7.

[27] 徐国庆.让教师静心于课堂教学[J].职教论坛,2014(09):1.

[28] 中共中央 国务院.深化新时代教育评价改革总体方案[EB/OL].http://www.moe.gov.cn/jyb_xxgk/moe_1777/moe_1778/202010/t20201013_494381.html.

[29] 菲利克斯·劳耐尔.双元制职业教育——德国经济竞争力的提升动力[J].职业技术教育,2011,32(12):68-71.

[30] 陈钰.德国"双元制"职业教育成功的关键因素分析[J].成人教育,2019,39(10):79-84.

[31] 苏彦.澳大利亚 TAFE 模式对我国高职教育发展的启示[J].厦门科技,2018(02):31-34.

[32] 姜春云,徐涵.澳大利亚高等职业教育的课程标准研究及启示——以新南威尔士州 TAFE 学院为例[J].中国职业技术教育,2019(21):30-35.

[33] Prue Hudolleston. Modern apprentices in college:'something old,something new'[J]. Journal of Vocational Education and Training,1998,50(2):277-290.

[34] 雷正光.德国双元制模式的三个层面及其可借鉴的若干经验[J].外国教育资料,2000(01):78-80.

[35] 赵璞,任雅洁.从德国职业教育经验看我国高等职业教育考试与考核模式改革[J].继续教育研究,2010(05):90-91.

[36] 杨信.英国现代学徒制发展的历史沿革、特征及启示[J].教育与职业,2018(19):94-100.

[37] 赵志群,黄方慧."职教高考"制度建设背景下职业能力评价方法的研究[J].中国高教研究,2019(06):100-104.

[38] 徐国庆.职业教育实现现代化的关键是完善国家基本制度[J].华东师范大学学报(教育科学版),2021,39(02):1-14.

[39] Gronn P. Distributed Properties: A New Architecture for Leadership[J]. Educational Management and Administration, 2000, 28(3):317-338.

附　　录

附录A　高职院校专业教学团队运行调研问卷

尊敬的老师：

　　您好！非常感谢您在百忙之中抽时间接受这次问卷调查。此次调查的目的旨在了解您所在学校的专业教学团队运行现状。调查采用无记名的方式，所得资料只作学术研究之用，问卷各题项也无对错之分，请根据您所了解的实际情况，放心真实填写。非常感谢您的支持与合作！

基 本 信 息

1. 您的性别

□男　　□女

2. 您的身份

□专业负责人　　□骨干教师　　□初任教师　　□兼任教师

3. 您的职称

□正高级　　□副高级　　□中级　　□初级　　□无

3. 您所在学校类型

□国家"双高"校　　□省"双高"校　　□其他

4. 您所在学校区域

□东部地区　　□中部地区　　□西部地区

5. 您所在团队所属的层级

□国家级教学团队　　□省级教学团队　　□校级教学团队　　□其他

　　问卷填写指导语：本调研主要是想了解专业教学团队在完成不同工作任务时的团队成员之间的协作互动状态。本课题组将工作任务分成了常规教学任务、项目化任务、专业建设任务三种类型。

　　第一部分：常规教学任务下专业教学团队的运行（常规教学任务：专业教学团

队根据人才培养方案的要求以课堂为主阵地完成人才培养的相关活动,例如备课、课堂教学、教研活动、实习指导、作业批改等)。

1.您完成常规教学工作的主要驱动力是什么?(多选题)

A.利益驱动(有较为丰厚的物质报酬)

B.事业驱动(自身专业发展的需要)

C.压力驱动(完成绩效考核的需要)

D.良心驱动(作为一名老师的基本职责)

2.您完成常规教学工作时,以下驱动因素从大到小的排列顺序是_____＞_____＞_____＞_____。

A.利益驱动

B.事业驱动

C.压力驱动

D.良心驱动

3.您认为完成常规教学任务时教学团队运行过程中的协作紧密程度怎样?

A.沟通顺畅、运转高效

B.沟通较少、运转一般

C.缺乏沟通、运转低效

4.教研活动每学期的频率是多少?

A.经常组织(多于6次/学期)

B.一般组织(2~6次/学期)

C.基本没有(2次以下/学期)

5.您觉得教研活动的总体效果怎样?

A.效果很大,教学质量提升显著

B.效果一般,教学质量有一定的提升

C.基本没有,教学质量没有明显的提升

6.您觉得常规教学质量监控制度是否能够引导教师投入课堂教学?

A.效果较好

B.效果一般

C.形同虚设

7.您觉得贵校领导对常规教学活动的关注度怎样?

A.十分关注　B.一般关注　C.不怎么关注

8.在执行常规教学任务时,教师是否会积极配合专业带头人完成相关教学工作?

　　A.十分配合,听从安排

　　B.配合一般,大部分听从安排

　　C.配合较差,一般不听从安排

　　D.完全不配合

9.您认为专业带头人在完成常规教学工作的过程中是否具备较大权力?

　　A.权力很大,能够带动大家一起干

　　B.权力一般,带动少部分成员一起干

　　C.没有权力,很难调动大家的积极性

10.贵校是否积极地支持教学团队完成常规教学任务?

　　A.十分支持,采取了很多管理举措

　　B.较为支持,提供了很多指导帮助

　　C.一般支持,仅仅给予了一定的指导

　　D.不支持,很少关注常规教学任务

11.贵校支持常规教学工作的完成采取了哪些举措?(多选题)

　　A.激励支持,常规教学任务完成可以获得丰厚的薪酬

　　B.制度支持,制定了较为详细的常规教学任务管理规定

　　C.经费支持,常规教学任务有相关经费支持

　　D.领导支持,领导会对常规教学任务完成给予专业指导

　　E.专家支持,领导会找一些校外专家提供指导

第二部分:项目化任务下专业教学团队的运行(项目化任务:专业教学团队通过组建临时团队在某一特定时间内完成上级政府或其他机构发布的相关教学改革项目、竞赛项目、试点项目和奖项获取项目。例如教学成果奖申报、学生技能竞赛指导、教师教学技能竞赛、现代学徒制试点、专业教学资源库、国家规划教材、精品资源共享课开发等)。

1.您是否会积极地牵头承担相关项目化工作任务?

　　A.十分积极　　B.较为积极　　C.一般　　D.不积极　　E.特别不积极

2.您参与项目化工作任务的主要驱动力是什么?(多选题)

　　A.利益驱动(获取项目有丰厚的物质奖励)

B. 压力驱动(职称晋升、绩效考核需要获取项目)

C. 事业驱动(获取项目是我自身专业发展的需要)

3. 您参与项目化工作任务时以下驱动因素从大到小的排列顺序是_____＞_____＞_____。

    A. 利益驱动

    B. 压力驱动

    C. 事业驱动

4. 您认为完成项目化任务所组建的小团队在运行过程中协作紧密程度怎样？

    A. 沟通顺畅、运转高效

    B. 沟通较好、运转一般

    C. 缺乏沟通、运转低效

5. 在完成项目化任务时，教师是否会积极配合项目负责人工作？

    A. 十分配合，听从安排

    B. 配合一般，大部分听从安排

    C. 配合较差，一般不听从安排

    D. 完全不配合

6. 您认为项目负责人在完成项目化任务过程中是否具备较大权力？

    A. 权力很大，能够带动大家一起干

    B. 权力一般，带动部分成员一起干

    C. 没有权力，很难调动大家的积极性

7. 贵校是否积极地支持完成项目化任务的小团队运行？

    A. 十分支持，采取很多管理举措

    B. 较为支持，提供很多指导帮助

    C. 一般支持，仅仅给予一定的指导

    D. 不支持，很少关注团队运行

8. 贵校支持项目化工作任务的完成采取了哪些举措？

    A. 激励支持，项目化任务完成可以获得丰厚奖励

    B. 制度支持，制定了较为详细地项目化任务管理规定

    C. 经费支持，项目化任务完成有相关经费的支持

    D. 领导支持，领导会对项目化任务完成给予专业指导

    E. 专家支持，领导会找一些校外专家提供指导

第三部分:专业建设任务下专业教学团队的运行(专业建设任务:以专业建设质量提升为核心,专业负责人带领教学团队通过持续不断的采取关键行动推动专业人才培养与市场需求的动态耦合匹配,包括了市场调研、课程体系开发、教学资源开发、教学团队建设与管理、校企合作、专业教学质量自我诊断与评价等)。

1.您是否会积极地牵头承担相关专业建设任务?

A.十分积极　　B.较为积极　　C.一般　　D.不积极　　E.特别不积极

2.您参与专业建设任务的主要驱动力是什么?(多选题)

A.利益驱动(承担专业建设任务有丰厚的物质奖励)

B.压力驱动(职称晋升、绩效考核需要承担专业建设任务)

C.事业驱动(承担专业建设任务是我自身专业发展的需要)

3.您参与专业建设任务时以下驱动因素从大到小的排列顺序是_____＞_____＞_____。

A.利益驱动

B.压力驱动

C.事业驱动

4.您认为完成专业建设任务所组建的小团队在运行过程中协作紧密程度怎样?

A.沟通顺畅、运转高效

B.沟通较好、运转一般

C.缺乏沟通、运转低效

5.在完成专业建设任务时,教师是否会积极配合负责人工作?

A.十分配合,听从安排

B.配合一般,大部分听从安排

C.配合较差,一般不听从安排

D.完全不配合

6.您认为项目负责人在完成专业建设任务过程中是否具备较大权力?

A.权力很大,能够带动大家一起干

B.权力一般,带动少部分成员一起干

C.没有权力,很难调动大家积极性

7.您认为项目负责人在完成专业建设任务过程中主要采取何种方式维系团队?

A. 通过许以利益驱动

B. 通过权利施压推动

C. 通过自身魅力吸引

D. 通过专业能力引领

8. 贵校是否积极地支持完成专业建设任务的小团队运行?

A. 十分支持,采取很多管理举措

B. 较为支持,提供很多指导帮助

C. 一般支持,仅仅给予一定的指导

D. 不支持,很少关注团队运行

9. 贵校支持专业建设任务的完成采取了哪些举措?(多选题)

A. 激励支持,专业建设任务完成可以获得丰厚奖励

B. 制度支持,制定了较为详细地专业建设任务管理规定

C. 经费支持,专业建设任务完成有相关经费的支持

D. 领导支持,领导会对专业建设任务完成给予专业指导

E. 专家支持,领导会找一些校外专家提供指导

10. 您认为贵校支持专业建设任务的举措是否有效?

A. 十分有效

B. 效果一般

C. 效果较差

D. 完全没效果

第四部分:不同教学任务之间的对比分析

1. 下列各项任务如果按照从大到小排列,对学生发展最为有益的是_____>_____>_____。

A. 常规教学任务

B. 项目化任务

C. 专业建设任务

2. 下列各项任务按照从大到小排列,各级领导最为关注的是_____>_____>_____。

A. 常规教学任务

B. 项目化任务

C.专业建设任务

3.下列各项任务按照从大到小排列,您投入时间最多的是_____>_____>_____。

A.常规教学任务

B.项目化任务

C.专业建设任务

(填答完毕,非常感谢!)

附录B 高职院校专业教学团队运行访谈提纲

首先非常感谢您参与本次问卷调查!此次调研主要是希望了解贵校专业群建设的现状和问题,访谈内容仅供学术研究,所有信息将进行匿名处理。再次感谢您的协助。

受访人身份:

受访人所在团队名称:

受访人所在团队基本情况:团队人数_____人。

团队职称结构:正高职称_____人,副高职称_____人,中级职称_____人,初级职称_____人。

团队年龄结构:青年(29岁以下)教师_____人,中青年(30~39岁)教师_____人,中年(40~49岁)教师_____人,中老年(50岁以上)教师_____人。

1.请问贵校专业教学团队主要承担了哪些工作职责?专业教学团队在高职院校中的定位是什么?在整个高职院校办学功能实现上发挥了怎样的功效?

2.请问您所在的专业教学团队在完成常规教学任务时是如何进行分工协作的?支撑您完成该项工作任务最大的动力是什么?团队内部成员是否围绕常规教学任务进行相应的内部协调沟通?学校为了保证常规教学的规范有效运行都出台了哪些制度规定并采取了哪些管理规定?这些制度规定实施的成效如何?

3.请问您所在的专业教学团队在完成项目化教学任务时是如何进行分工协作的?支撑您完成该项工作任务最大的动力是什么?团队内部成员是否围绕项目化工作任务进行了相应的内部沟通?学校为了保证项目化教学任务的成果获得都出

台了哪些制度规定并采取了哪些管理规定？这些制度规定实施的成效如何？

4.请问您所在的专业教学团队在完成专业建设任务时是如何进行分工协作的？支撑您完成该项工作任务最大的动力是什么？团队内部成员是否围绕专业建设任务进行相应的内部协调沟通？学校为了保证专业建设任务的顺利完成都出台了哪些制度规定并采取了哪些管理规定？这些制度规定实施的成效如何？

5.您认为您所在的专业教学团队运行状态如何？是否能够有效达成高素质技术技能人才的培养目标？

6.您认为您所在专业教学团队在理想状态下应呈现怎样的运行状态？团队内部成员应如何进行相互协作？

大 事 记

1986—1999 年

1986 年 3 月 3 日,中央职称改革工作领导小组印发《技工学校教师职务试行条例》,初步建立了技工院校教师职称制度。

1996 年 5 月 15 日,第八届全国人民代表大会常务委员会第十九次会议通过《中华人民共和国职业教育法》,提出县级以上各级人民政府和有关部门应当将职业教育教师的培养和培训工作纳入教师队伍建设规划,保证职业教育教师队伍适应职业教育发展的需要。职业学校和职业培训机构可以聘请专业技术人员、有特殊技能的人员和其他教育机构的教师担任兼职教师,有关部门和单位应当提供方便。

1998 年 2 月 16 日,教育部印发《面向二十一世纪深化职业教育教学改革的原则意见》,提出要提高教师素质,发挥教师作用。

1998 年 6 月 18 日,教育部同意河北农业技术师范学院更名为河北职业技术师范学院,要求学校更名后要逐步发展成为服务面向较宽,有一定办学特色的高等职业师范学校。

1998 年 7 月 20 日,教育部同意将广东民族学院改办为广东职业技术师范学院,要求学校坚持以培养职业教育师资为主要任务。

1999 年 11 月 30 日,教育部公布首批全国重点建设职业教育师资培训基地名单,包括天津大学、同济大学、东南大学、西安交通大学等高校。

2000 年

2000 年 1 月 17 日,教育部印发《关于加强高职高专教育人才培养工作的意见》,强调要重视高职高专院校教师的培养和培训工作,并指出"'双师型'教师是提高高职高专教育教学质量的关键"。

2000 年 5 月 17 日,教育部公布第二批全国重点建设职业教育师资培训基地名单,包括哈尔滨工业大学、厦门大学、东北财经大学等高校。

2001 年

2001 年 3 月 5 日,教育部公布第三批全国重点建设职业教育师资培训基地名单,包括北京师范大学、华东师范大学、电子科技大学等高校。

2001 年 3 月 5 日,教育部发布《关于调整部分全国重点建设职业教育师资培训基地的通知》,提出吸收青岛海洋大学、中德无锡高级职业技术学校、山东-巴伐利亚职教师资培训中心、湖北啤酒学校,分别与平度职教中心等四个基地学校联合,组建为青岛海洋大学－平度职教中心等四个基地。

2001年3月5日,教育部公布首批全国职业教育师资专业技能培训示范单位,包括上海宝钢集团公司、海尔集团等六个单位。

2002年

2002年5月15日,教育部印发《关于加强高等职业(高专)院校师资队伍建设的意见》,为切实推进高职(高专)院校的师资队伍建设工作,从多个方面提出了建设意见。

2002年8月24日,国务院印发《关于大力推进职业教育改革和发展的决定》提出需要加强职业教育教师队伍建设。

2002年12月2日,教育部、国家经济贸易委员会劳动和社会保障部联合印发《关于进一步发挥行业、企业在职业教育和培训中作用的意见》,提出行业组织和企业要积极参与师资队伍建设。

2003年

2003年10月9日,教育部印发《关于进一步加强职业技术学校校长培训工作的若干意见》,就培训工作的指导思想、原则、对象、目标、主要任务、内容、类型和形式等各方面提出了详细要求。

2003年11月3日,教育部批准华中科技大学、集美大学为全国重点建设职业教育师资培养培训基地。

2003年12月3日,教育部等六部门发布《关于实施职业院校制造业和现代服务业技能型紧缺人才培养培训工程的通知》,提出要切实加强相关专业师资队伍建设。

2004年

2004年4月2日,教育部印发《关于以就业为导向深化高等职业教育改革的若干意见》,提出各高等职业院校要采取有效措施,为"双师型"教师队伍建设提供支持。

2004年6月17日至18日,教育部、国家发展改革委、财政部、人事部、劳动保障部、农业部、国务院扶贫办在江苏联合召开全国职业教育工作会议。陈至立国务委员出席会议并作了题为《抓住机遇积极进取开创职业教育工作新局面》的重要讲话,强调抓好职业教育教师队伍建设是职业教育发展工作重点之一。

2004年9月14日,教育部等七部门印发《关于进一步加强职业教育工作的若干意见》,提出要深化职业院校人事制度改革,加强"双师型"教师队伍建设。

2005年

2005年1月19日,教育部办公厅同意筹建全国高职高专教育师资培训基地

（广东）。

2005年8月2日，国家教育督导团发布《关于职业教育专项督导检查公报》，提出督查组在督导检查中发现当前存在职教师资队伍建设滞后，职业学校专业课教师配备普遍不足，教师整体素质偏低，"双师型"教师严重缺乏，教师缺乏有效的进修渠道等问题，今后应加快职教师资队伍建设。

2005年10月28日，国务院印发《关于大力发展职业教育的决定》，提出需要通过多种方式加强师资队伍建设。

2005年11月7日，温家宝总理在全国职业教育工作会议上做题为《大力发展中国特色的职业教育》讲话，提出要加强职业教育师资队伍建设，加强职业教育师资培养和培训，建立职业教育专业教师到企业生产一线实践的制度，制定和完善职业教育兼职教师聘用政策，鼓励工程技术人员、高技能人才到职业院校兼职。

2006年

2006年2月6日，教育部办公厅印发《教育部2006年职业教育工作要点》，拟组织实施"职业院校教师素质提高计划"，提出包括计划实施方案在内的多项高职教师队伍建设相关工作要点。

2006年8月16日，成都电子机械高等专科学校刘甫迎获教育部第二届高等学校教学名师奖，是首位获得该奖项的职业院校教师。

2006年8月24日，教育部办公厅发布《关于组织实施"中国高等职业教育联合革新计划——高职教师教育与培训"项目的通知》，明确了"中国高等职业教育联合革新计划——高职教师教育与培训"项目的组织、运行、保障、实施步骤等具体内容。

2006年11月3日，教育部、财政部印发《关于实施国家示范性高等职业院校建设计划加快高等职业教育改革与发展的意见》，提出示范院校建设主要内容之一，就是制定"双师型"教师培养和专兼结合专业教师队伍建设的支持政策与办法，聘请一批精通企业行业工作程序的技术骨干和能工巧匠兼职，促进高水平"双师"素质与"双师"结构教师队伍建设。

2006年11月16日，教育部印发《关于全面提高高等职业教育教学质量的若干意见》，提出注重教师队伍的"双师"结构，改革人事分配和管理制度，加强专兼结合的专业教学团队建设。

2007年

2007年1月16日，教育部办公厅发布《成立中国高等职业教育联合革新计划——高职教师教育与培训项目专家委员会的通知》，明确了由高林等17位专家组成中国高等职业教育联合革新计划——高职教师教育与培训项目专家委员会。

2007年4月15日，教育部办公厅发布《关于中国高等职业教育联合革新计划——高职教师教育与培训 2007 年度短期培训项目计划的通知》，明确了高职教师教育与培训 2007 年度短期培训的主要项目和培训内容。

2007 年 8 月 7 日，浙江工贸职业技术学院施凯等 18 位高职高专院校教师获教育部第三届高等学校教学名师奖。

2007 年 10 月 19 日，教育部批准北京首都旅游集团有限公司、武汉华中数控股份有限公司为全国职业教育师资专业技能培训示范单位。

2007 年 10 月 19 日，教育部批准清华大学、北京理工大学作为全国重点建设职业教育师资培养培训基地。

2008 年

2008 年 6 月 28 日至 29 日，国务委员刘延东在天津职业教育工作座谈会上发表了重要讲话，提出要加强职业教育师资队伍建设，吸引优秀人才任教，重视培养培训，提高教师整体素质。

2008 年 8 月 22 日，浙江机电职业技术学院金文兵等 20 位高职高专院校教师获教育部第四届高等学校教学名师奖。

2008 年 9 月 28 日，教育部、财政部确定 300 个教学团队为 2008 年国家级教学团队，其中包括北京电子科技职业学院"传媒艺术设计教学团队"等 40 个高职高专院校团队，并就项目建设有关事项发出通知。

2009 年

2009 年 1 月 7 日，教育部印发《教育部 2009 年工作要点》，提出要进一步加强职业院校"双师型"教师队伍建设，全面落实职业学校教师到企业实践制度，完善相关政策，加大从企事业单位和社会聘请特聘教师和兼职教师的力度。

2009 年 1 月 7 日，教育部印发《周济部长在教育部 2009 年度工作会议上的讲话》，提出要通过实施完善以企业实践为重点的教师继续教育制度等手段以进一步加强职业教育教师队伍建设。

2009 年 9 月 4 日，宁波职业技术学院孙向东等 20 位高职高专院校教师获教育部第五届高等学校教学名师奖。

2009 年 9 月 15 日，教育部、财政部确定 305 个教学团队为 2009 年国家级教学团队，其中包括浙江金融职业学院"金融管理与实务专业核心课程教学团队"等 39 个高职高专院校团队，并就项目建设有关事项发出通知。

2010 年

2010 年 4 月 8 日，教育部同意天津工程师范学院更名为天津职业技术师范大学，并要求学校要大力加强教师教育，把培养培训职业教育教师作为学校的主要任务。

2010 年 7 月 26 日，教育部、财政部确定 308 个教学团队为 2010 年国家级教学团队,其中包括浙江商业职业技术学院"会计专业教学团队"等40个高职高专院校团队,并就项目建设有关事项发出通知。

2010年7月29日,国务院印发《国家中长期教育改革和发展规划纲要(2010—2020年)》,提出加强"双师型"教师队伍和实训基地建设,提升职业教育基础能力,建立健全技能型人才到职业学校从教的制度,完善符合职业教育特点的教师资格标准和专业技术职务(职称)评聘办法。

2010年11月12日,人社部印发《关于大力推进技工院校改革发展的意见》,指出要强化技工院校师资队伍建设。

2010年12月9日,教育部批准中国铝业公司等十家企业为全国职业教育教师企业实践单位。

2011年

2011年9月5日,北京工业职业技术学院牛小铁等20位高职高专院校教师获教育部第六届高等学校教学名师奖。

2011年9月29日,教育部印发《关于推进高等职业教育改革创新引领职业教育科学发展的若干意见》,提出需改革评聘办法,加强"双师型"教师队伍建设。

2011年10月25日,教育部等九部门印发《关于加快发展面向农村的职业教育的意见》,提出为加快发展面向农村的职业教育,需加强农村、农业职业学校师资队伍建设、加强农村、农业职业学校教师培养培训、深化人事制度改革,努力提高教师待遇。

2011年10月28日,教育部公布全国重点建设职业教育师资培养培训基地、全国职业教育师资专业技能培训示范单位评估合格名单。

2011年11月8日,教育部、财政部印发《关于实施职业院校教师素质提高计划的意见》,从指导思想、目标任务、实施原则、计划内容、项目经费、工作要求六个方面提出了详细意见。

2011年12月24日,教育部印发《关于进一步完善职业教育教师培养培训制度的意见》,为大力加强职业教育"双师型"教师队伍建设,就进一步完善职业教育教师培养培训制度提出五点意见。

2011年12月30日,教育部印发《关于推进中等和高等职业教育协调发展的指导意见》,提出要加强师资队伍建设,注重教师培养培训。

2012年

2012年3月19日,教育部职业教育与成人教育司发布《关于开展全国职业院校信息化教学大赛举办地申报工作的通知》,首次提出将教学大赛范围扩大至高等职业学校。

2012年3月29日,教育部同意江西科技师范学院更名为江西科技师范大学,要求学校大力加强教师教育,把培养培训职业教育教师作为学校的主要任务。

2012年5月4日,教育部印发《关于加快推进职业教育信息化发展的意见》,提出提升职业教育工作者的信息素养,继续实施全国职业学校信息技术职业能力提高计划,提高校长、教师和信息技术人员的信息技术应用能力。

2012年5月23日,人力资源社会保障部办公厅发布《关于做好2012年高技能人才师资培训示范项目工作的通知》,对培训内容、对象、时间等有关事项做了简要说明。

2012年6月7日,教育部批准天津职业大学等33个单位为全国重点建设职业教育师资培养培训基地,神州数码网络(北京)有限公司等2个单位为全国职业教育师资专业技能培训示范单位。

2012年9月7日,国务院印发《关于加强教师队伍建设的意见》,提出多条加强职业院校教师队伍建设的详细意见,如职业学校教师队伍建设要以"双师型"教师为重点,完善"双师型"教师培养培训体系,健全技能型人才到职业学校从教制度等。

2012年9月18日,教育部发布了《普通高等学校本科专业目录》(2012年版),将职教师资专业置于"特设专业",并归于工学、农学和管理学3个学科门类中的7个专业类。

2012年11月8日,教育部、国家发展改革委、财政部联合印发《关于深化教师教育改革的意见》,提出依托现有资源,加强职业学校教师培养培训基地建设;探索建立招收职业学校毕业生和企业技术人员专门培养职业学校教师制度;实行职业学校专业教师每2年不少于2个月的企业实践制度;发挥好行业企业在培养"双师型"教师中的作用。

2012年11月8日,教育部、财政部、人力资源和社会保障部、国务院国有资产监督管理委员会联合印发《职业学校兼职教师管理办法》,对人员条件、聘请程序、组织管理、经费来源等方面作出了详细规定。

2013年

2013年2月7日,教育部办公厅公布2012年全国职业院校信息化教学大赛获奖名单。

2013年2月26日,教育部教师工作司发布《关于对2012年"万人计划"(高等学校)教学名师初评人选进行公示的通知》,共有101位教师入选,其中包括石家庄铁路职业技术学院李辉等19位高职高专院校教师。

2013年6月14日,教育部办公厅印发《职教师资本科专业培养标准、培养方案、核心课程和特色教材开发项目管理办法》,文件从过程管理、成果要求、成果应用、职责分工、经费管理等方面提出具体规定,以保证项目的顺利实施。

2013年6月27日至28日,中共中央政治局委员、国务院副总理刘延东出席了在天津举办的2013年全国职业院校技能大赛,并在大赛闭幕式上发表了题为《加快发展现代职业教育为实现中国梦提供人才支撑》的重要讲话。其中提到要大力加强"双师型"教师队伍建设,完善教师企业实践和兼职教师聘用制度,提高职教教师的地位和待遇,吸引更多优秀人才投身职业教育,要强化师德师风建设,引导广大教师牢固树立献身职教事业、关爱职教学生、安心职教工作的敬业精神。

2013年12月4日,教育部办公厅公布2013年全国职业院校信息化教学大赛获奖名单。

2014年

2014年6月22日,国务院印发《关于加快发展现代职业教育的决定》,提出通过实施完善教师资格标准等多方路径建设"双师型"教师队伍。

2014年6月23日,教育部等六部门印发《现代职业教育体系建设规划(2014—2020年)》,提出通过实施改革职业院校用人制度等多方途径完善"双师型"教师培养培训体系。

2014年6月23日,李克强会见全国职业教育工作会议代表并发表讲话,其中提到今后要打造具有鲜明职教特点、教练型的师资队伍。

2014年10月23日,教育部职业教育与成人教育司发布《关于做好2015年度高等职业学校专业骨干教师国家级培训项目申报工作的通知》。

2014年12月26日,教育部办公厅公布2014年全国职业院校信息化教学大赛获奖名单。

2015年

2015年3月至6月,全国人大常委会组织开展了职业教育法施行19年来首次执法检查。6月29日,张德江委员长在十二届全国人大常委会第十五次会议上作了执法检查报告,指出职业教育教师队伍建设仍是当前发展职业教育中的薄弱环节,今后应当针对问题,抓住关键环节,建设适应现代职业教育发展要求的教师队伍。

2015年3月13日,人力资源社会保障部印发《高技能人才队伍建设中长期规划(2010—2020年)》,提出要积极开展推进职业院校教师职称制度改革,吸引和稳定理论与技能兼备的优秀人才长期从事职业教育;加强职业院校校长培训和教学管理人员培训等措施。

2015年3月13日,人力资源社会保障部印发《国家中长期人才发展规划纲要(2010—2020)》,提出要开展高素质教育人才培养工程,建设一支高素质、创新型教育人才队伍,通过研修培训、学术交流、项目资助等方式,每年重点培养和支持2万名各类学校教育教学骨干、"双师型"教师、学术带头人和校长,在职业院校、高等学校培养造就一批教育家、教学名师和学科领军人才。

2015年5月10日,首届"职业教育活动周"5月10日在北京举行全国启动仪式。中共中央政治局委员、国务院副总理刘延东出席启动仪式并讲话,指出要以修订完善《职业教育法》为契机,推进教育政策、产业政策、用人政策衔接配套,加强"双师型"教师队伍建设,打通职业教育与高等教育的通道,保障技术技能人才待遇,健全促进职业教育可持续发展的制度和标准。

2015年6月29日,十二届全国人大常委会第十五次会议在北京人民大会堂举行第三次全体会议。张德江委员长出席会议并作全国人大常委会执法检查组关于检查《职业教育法》实施情况的报告,指出要抓住关键环节,建设适应现代职业教育发展要求的教师队伍。

2015年7月9日,教育部印发《关于深化职业教育教学改革全面提高人才培养质量的若干意见》,提出需通过采取制订职教师资培养规划等措施加强教师培养培训。

2015年9月15日,教育部印发《全国职业教育工作专项督导报告》,其中就职业教育教师队伍建设现状、问题提出了相应的督导意见。

2015年10月21日,教育部印发《高等职业教育创新发展行动计划(2015—2018年)》,提出需加强教师队伍建设、改进高职教师管理。

2015年10月30日,教育部教师工作司发布《关于对2015年"万人计划"教学名师初评人选进行公示的通知》,共有100位教师入选,其中包括温州职业技术学院施凯等23位职业院校教师。

2015年12月29日,教育部办公厅公布2015年全国职业院校信息化教学大赛获奖名单。

2016年

2016年1月15日,教育部部长袁贵仁在2016年全国教育工作会议上发表题为《以新的发展理念为引领全面提高教育质量加快推进教育现代化》的重要讲话。其中提到需研制《职业学校教师企业实践规定》,加强职业学校双师型教师队伍建设,推进高校、大中型企业和职业院校共建教师培养培训体系。

2016年5月11日,教育部等七部门印发《职业学校教师企业实践规定》,对职教教师到企业实践的内容和形式、组织与管理、保障措施、考核和奖惩等做了说明。

2016年11月3日,教育部、财政部印发《关于实施职业院校教师素质提高计划(2017—2020年)的意见》从目标任务、实施原则、计划内容、保障措施等方面针对实施职业院校教师素质提高计划提出了详细建议。

2016年12月2日,推进职业教育现代化座谈会在京召开。李克强总理作出重要批示,刘延东副总理出席会议并发表了题为《加快推进职业教育现代化 开创我国现代职业教育新局面》的讲话。其中提到要加强"双师型"教师队伍建设,健全校企人员双向流动机制,实施好职业学校教师素质提高计划,提高教师素质、优化队伍结构。

2017 年

2017 年 1 月 13 日,教育部部长陈宝生在 2017 年全国教育工作会议上做题为《办好中国特色社会主义教育以优异成绩迎接党的十九大胜利召开》工作报告,提出要加快构建优秀人才终身从教机制;健全职业学校和企业双向流动机制,推进职业学校教师到企业实践制度化,完善吸引企业人员到学校兼职任教支持政策。

2017 年 2 月 16 日,教育部办公厅公布 2016 年全国职业院校信息化教学大赛获奖名单。

2017 年 3 月 31 日,教育部办公厅印发《职业院校教师素质提高计划项目管理办法》,对项目职责分工、组织实施、过程管理、经费管理、督察评估等内容作出详细规定。

2017 年 4 月 21 日,教育部职成司司长王继平在 2017 年度全国职业教育与继续教育工作会议上的总结讲话中,指出要持续加强职业院校的师资队伍建设。

2017 年 5 月 8 日,刘延东在第十届全国职业院校技能大赛开幕式发言中提到要加强"双师型"教师队伍建设,提升现代职业教育质量。

2017 年 7 月 7 日,教育部教师工作司发布《关于对 2017 年"万人计划"教学名师初评人选进行公示的通知》,共有 199 位教师入选,其中包括浙江机电职业技术学院邱葭菲等 38 位职业院校教师。

2017 年 8 月 10 日,教育部办公厅、财政部办公厅发布《关于做好职业院校教师素质提高计划 2017 年度项目组织实施工作的通知》。

2017 年 9 月 7 日,刘延东在 2017 年全国教书育人楷模及优秀教师代表座谈会上的讲话中提出要完善职业院校专兼职教师聘用和考核制度,共建培训基地,支持与行业企业联合培养师资,建设技艺精湛、专兼结合的"双师型"教师队伍。

2017 年 11 月 28 日,人社部印发《关于深化技工院校教师职称制度改革的指导意见》,明确技工院校教师职称制度改革工作在全国范围内全面推开。

2017 年 12 月 19 日,国务院办公厅印发《关于深化产教融合的若干意见》,提出加强产教融合师资队伍建设;支持企业技术和管理人才到学校任教,鼓励有条件的地方探索产业教师(导师)特设岗位计划。

2018 年

2018 年 1 月 20 日,中共中央国务院印发《关于全面深化新时代教师队伍建设改革的意见》,要求全面提高职业院校教师质量,建设一支高素质双师型的教师队伍,并要健全职业院校教师管理制度。

2018年2月12日,教育部办公厅公布2017年全国职业院校信息化教学大赛获奖名单。

2018年2月22日,教育部、发改委、工信部、财政部、人社部、国税总局等部门联合印发《职业学校校企合作促进办法》,规定职业学校应当将参与校企合作作为教师业绩考核的内容,具有相关企业或生产经营管理一线工作经历的专业教师在评聘和晋升职务(职称)、评优表彰等方面,同等条件下优先对待。

2018年2月26日,中共中央办公厅、国务院办公厅印发《关于分类推进人才评价机制改革的指导意见》,提出为适应现代职业教育发展需要,按照兼备专业理论知识和技能操作实践能力的要求,完善职业院校(含技工院校)"双师型"教师评价标准,吸纳行业、企业作为评价参与主体,重点评价其职业素养、专业教学能力和生产一线实践经验。

2018年3月22日,教育部等五部门印发《教师教育振兴行动计划(2018—2022年)》,提出实施新一周期职业院校教师素质提高计划,引领带动高层次"双师型"教师队伍建设。

2019年

2019年1月24日,国务院印发《国家职业教育改革实施方案》,提出要多措并举打造"双师型"教师队伍。

2019年1月28日,教育部办公厅公布2018年全国职业院校技能大赛职业院校教学能力比赛获奖名单。

2019年2月19日,教育部教师工作司副司长黄伟在教育部新春发布会上介绍"双师型"教师队伍建设的工作情况及下一步工作考虑。

2019年5月13日,教育部等六部门印发《高职扩招专项工作实施方案》,提出要推动教师教材教法改革,加强高职院校教师队伍建设。

2019年5月13日,教育部印发《全国职业院校教师教学创新团队建设方案》,从目标任务、基本原则、立项条件、建设任务、进度安排、保障措施六个方面制定了详细方案。

2019年6月12日,教育部同意设置福建技术师范学院,要求学校坚持培养职业教育师资的办学定位,为职业教育发展提供有力的人才支撑。

2019年6月12日,教育部同意设置广西职业师范学院,要求学校坚持培养职业教育师资的办学定位,为职业教育发展提供有力的人才支撑。

2019年8月8日,教育部公布首批国家级职业教育教师教学创新团队立项建设单位和培育建设单位名单。其中包括国家级职业教育教师教学创新团队立项建设单位120个(金华职业技术学院、北京工业职业技术学院等),以及国家级职业教育教师教学创新团队培育建设单位2个(西昌民族幼儿师范高等专科学校、和田师范专科学校)。

2019年9月3日,人力资源社会保障部办公厅发布《关于开展2019年全国技工院校一体化师资培训工作的通知》,对培训内容、对象、时间等有关事项做了简要说明。

2019年9月5日,教育部办公厅等七部门印发《关于教育支持社会服务产业发展,提高紧缺人才培养培训质量的意见》,提出要打造"双师型"教师队伍。

2019年9月23日,教育部等四部门出台《深化新时代职业教育"双师型"教师队伍建设改革实施方案》,提出需实施职业院校教师素质提高计划,分级打造教学名师、专业带头人、青年骨干教师等高层次人才队伍。高职院校实施"三教"改革,必须打造高水平结构化教师教学创新团队,形成技艺精湛、专兼结合的高素质"双师型"教师队伍,协同解决中小企业遇到的技术、生产和销售难题。

2019年9月23日,中共教育部党组发布《关于学习贯彻习近平总书记等中央领导同志教师节重要讲话精神的通知》,提出要贯彻落实好,将习近平总书记重要讲话精神转化为深化新时代教师队伍建设改革的具体实践,强化职业教育师资队伍建设,推进《深化新时代职业教育"双师型"教师队伍建设改革实施方案》落地见效。

2019年10月10日,教育部教师工作司印发《职业技术师范教育专业认证标准》,该认证标准从培养目标、毕业要求、课程与教学、合作与实践、师资队伍、支持条件等多方面为普通高等学校培养职教师资提供了指引。

2019年10月11日,为进一步深化产教融合、校企合作,教育部、国家发展改革委、工业和信息化部、国务院国资委组织专家遴选,确定了中国通信服务股份有限公司等102个首批全国职业教育教师企业实践基地。

2019年10月23日,教育部办公厅等十四部门印发《职业院校全面开展职业培训 促进就业创业行动计划》,在具体措施中提到需通过采取落实好职业院校教师定期到企业实践制度等措施加强培训师资队伍建设。

2019年12月5日,教育部发布《中华人民共和国职业教育法修订草案(征求意见稿)》公开征求意见,意见稿就职业教育教师职务系列和职务晋升制度、培养培训体系等方面在法律层面作出了规定。

2019年12月25日,教育部办公厅印发《关于做好扩招后高职教育教学管理工作的指导意见》,提出要打造适应扩招新要求的教师队伍。

2020年

2020年2月3日,教育部办公厅公布2019年全国职业院校技能大赛教学能力比赛获奖名单。

2020年4月29日,教育部教师工作司公布首批全国职业院校"双师型"教师队伍建设典型案例。

2020年5月25日,在全国两会上,全国人大代表、三棵树董事长兼总裁洪杰带来了关于加快推进国家职业教育改革实施方案落地,促进产业转型升级和就业的建议。提出要提升职业教育学校教师社会地位和收入水平,使之与一般的普通高校待遇相当,办得好的职业教育学校甚至超过普通高校待遇,从而吸引更多优秀教师加入职业教育,推动"双师型"教师制度的建设。

2020年7月3日,教育部公布首批国家级职业教育教师教学创新团队课题研究项目。

2020年9月14日,教育部职业教育与成人教育司发布《关于公布首批职业院校校长培训基地遴选结果的通知》,确定北京电子科技职业学院、日照职业技术学院、广东邮电职业技术学院、武汉职业技术学院、成都航空职业技术学院5所院校为首批教育部职业院校校长培训基地,天津职业大学等24所院校为教育部职业院校校长培训培育基地。

2020年9月16日,教育部等九部门印发《职业教育提质培优行动计划(2020—2023年)》,提出需通过多方路径提升教师"双师"素质。

2020年10月13日,中共中央、国务院印发《深化新时代教育评价改革总体方案》,提出要健全"双师型"教师认定、聘用、考核等评价标准,突出实践技能水平和专业教学能力。

2020年12月31日,人力资源社会保障部、教育部联合印发《关于深化高等学校教师职称制度改革的指导意见》,提出要创新评价机制,分类分层评价,其中职业院校要强化技术技能要求,加强"双师型"教师队伍建设。

2021年

2021年1月26日,教育部办公厅印发《本科层次职业教育专业设置管理办法(试行)》,提出设置本科层次职业教育专业须有完成专业人才培养所必需的教师队伍,具体应具备三个方面的条件。

2021年1月27日,教育部等六部门印发《关于加强新时代高校教师队伍建设改革的指导意见》,提出将探索将行业企业从业经历、社会实践经历作为聘用职业院校专业课教师的重要条件。

2021年3月24日,国务院总理李克强主持召开国务院常务会议,通过《中华人民共和国职业教育法(修订草案)》,提出要加强职业教育教师队伍建设。规定:国家健全完善符合职业教育特点和发展要求的职业学校教师岗位设置和职务(职称)评聘制度,建立职业教育教师培养培训体系,制定职业学校教职工配备基本标准;职业学校的专业课教师、实习指导教师应当具有一定年限相应工作经历或者实践经验,达到相应技术技能水平;鼓励职业学校聘请技能大师、非物质文化遗产传承人等高技能人才专职或兼职担任专业教师。

2021年4月12日,全国职业教育大会在京召开,会上传达了中共中央政治局常委、国务院总理李克强重要批示,强调要加强职业学校师资队伍和办学条件建设。

2021年4月22日,中共中央政治局委员、国务院副总理孙春兰在安徽调研,强调要加强"双师型"教师队伍建设,打破学历和文凭限制,通过编制"周转池"等方式,健全"固定岗＋流动岗"管理制度,吸引更多有实践经验的技术技能人才担任教师。

2022年4月26日,教育部印发《关于学习宣传贯彻习近平总书记重要指示和全国职业教育大会精神的通知》,提出要加强师资队伍建设,坚决打破学历和文凭的条框限制,健全"固定岗＋流动岗"的教师管理制度,拓宽从行业企业选拔优秀教师的渠道,通过绩效工资奖励等多种方式,吸引优秀技术技能人才加入职业教育。改革教师培养培训制度,建好一批职业技术师范大学、落实教师到企业实践制度,构建职前职后一体化、校企双主体的教师培养培训体系。

2021年7月29日,教育部、财政部印发《关于实施职业院校教师素质提高计划(2021—2025年)的通知》,提出要突出"双师型"教师个体成长和"双师型"教学团队建设相结合,兼顾公共基础课程教师队伍建设,着力提升教师思想政治素质和师德素养,提高教师教育教学能力,努力造就一支师德高尚、技艺精湛、专兼结合、充满活力的高素质"双师型"教师队伍,推动职业教育高质量发展。

2021年8月9日,教育部公布第二批国家级职业教育教师教学创新团队立项建设单位和培育建设单位名单。其中包括国家级职业教育教师教学创新团队立项建设单位240个(金华职业技术学院、南京工业职业技术大学等),以及国家级职业教育教师教学创新团队培育建设单位2个(海南经贸职业技术学院、新疆石河子职业技术学院)。

2021年9月8日,第六场"教育金秋系列发布会",教育部教师工作司提出要推动职业教育教师队伍建设改革持续深化。实施新周期职业院校教师素质提高计划。启动"十四五"时期职业院校教师国家级示范培训。设置"三教"改革研修、名师名校长培育、校企双向交流等三大类培训项目,指导各地开展"1＋X"证书制度种子教师培训、名师(名匠)培育、教师企业实践等10个方面的培训,推进校企共建"双师型"教师培养培训基地。组织第二批国家级职业教育教师教学创新团队立项建设。加强职业院校教师企业实践。

2021年10月12日,中共中央办公厅、国务院办公厅印发《关于推动现代职业教育高质量发展的意见》,提出要强化双师型教师队伍建设。加强师德师风建设,全面提升教师素养。完善职业教育教师资格认定制度,在国家教师资格考试中强化专业教学和实践要求。制定双师型教师标准,完善教师招聘、专业技术职务评聘和绩效考核标准。按照职业学校生师比例和结构要求配齐专业教师。加强职业技术师范学校建设。支持高水平学校和大中型企业共建双师型教师培养培训基地,落实教师定期到企业实践的规定,支持企业技术骨干到学校从教,推进固定岗与流动岗相结合、校企互聘兼职的教师队伍建设改革。继续实施职业院校教师素质提高计划。

2021年11月24日,教育部公布第二批国家级职业教育教师教学创新团队课题研究项目。

后　记

　　近年来,浙江省现代职业教育研究中心(以下简称"中心")经常承接国家、教育厅委托开展的教师发展方面调研任务,作为浙江省哲学社会科学重点研究基地,前期有了高职教师团队研究、兼职教师研究、企业引进教师研究等方面的成果积累,中心也正逐步打造以高职教师研究为特色的研究品牌。

　　中心研究人员在承接委托调研任务过程中发现,高职院校教师发展举措多样,有的学校始终按照高职姓"高"又姓"职"的标准,通过教师职后培养不断提升教师的素质和能力;有的学校则大力推进教师发展中心建设,通过平台建设创造教师良好的发展环境;但也有的学校重教学业绩,轻教师发展,教育理论水平、专业知识以及信息技术能力都没有跟上高职教育改革发展的步伐。基于上述实际情况,中心研究人员期望通过系列的高职教师发展研究,形成一系列专题报告,为全国高职教师发展"画像",进而打造中心专属的高职教师研究品牌。

　　为此,中心专门成立了"全国高等职业教育教师发展研究编委会",由中心领导王振洪、朱永祥担任编委会主任,梁克东、程江平、成军、龚永坚、陈海荣担任编委会副主任,从研究选题、研究方向上全面指导。编委会下设项目组,由邵建东和韦清任组长,根据不同的研究选题,组建研究专班,中心办公室则给予充分的研究条件保障。在完成高职院校教师发展指数测评报告后,考虑到当前高职院校教师发展过程中存在的关键难题,编委会决定开展高职院校专业教学团队运行的调查研究,以期通过翔实的调查研究,客观呈现当前高职院校专业教学团队运行的基本现状,深入分析高职院校专业教学团队运行的关键问题症结,为高职院校专业教学团队运行优化提供科学的决策建议。

　　该项目的研究得到了上级部门和兄弟院校的大力支持,为项目实施提供了切实的保障支持。中心研究人员王亚南博士主要负责整个调研框架的建构,并具体负责撰写了研究设计、项目化任务下教学团队运行现状及个案分析、团队运行问题成因及对策建议等内容。张晓超具体负责专业教学团队运行的理论基础,专业建设任务下教学团队运行现状调查及个案分析部分的撰写,并对高职教师发展大事记做了详细梳理。王丽具体负责常规教学任务下教学团队运行现状调查及个案分析部分的撰写。王斌主要负责整个调查研究的实施保障及问卷、访谈资料的整理分析。项目组组长邵建东和韦清对研究报告作了统稿,并对各部分提出具体修改意见。金华职业技术学院洪琴仙老师帮助对研究报告做了仔细的校对。中心学术委员会委员们对文稿进行了审读、指导,并对后续报告如何进一步发挥作用提出了中肯的建议。华中科技大学出版社张毅老师对报告的出版给予了大力支持。在此一并致谢。

由于研究水平和数据采集来源所限,报告还存在很多不足,错误在所难免,请各位专家和同行批评指正,中心项目团队将在今后的研究中进一步完善。

高职院校专业教学团队运行调研报告项目组
2022 年 5 月